—————————————— 님의 소중한 미래를 위해
이 책을 드립니다.

쇼펜하우어의
내 생각이 맞다고
설득하는 기술

사람의 마음을 움직이는
38가지 설득 요령

쇼펜하우어의
내 생각이 맞다고
설득하는 기술

아르투어 쇼펜하우어 지음 ㅣ 김현희 옮김

메이트북스

메이트북스 우리는 책이 독자를 위한 것임을 잊지 않는다.
우리는 독자의 꿈을 사랑하고,
그 꿈이 실현될 수 있는 도구를 세상에 내놓는다.

쇼펜하우어의 내 생각이 맞다고 설득하는 기술

초판 1쇄 발행 2024년 2월 20일 | **지은이** 아르투어 쇼펜하우어 | **옮긴이** 김현희
펴낸곳 (주)원앤원콘텐츠그룹 | **펴낸이** 강현규·정영훈
편집 안정연·정은미·최주연 | **디자인** 최선희
마케팅 김형진·이선미·정채훈 | **경영지원** 최향숙
등록번호 제301-2006-001호 | **등록일자** 2013년 5월 24일
주소 04607 서울시 중구 다산로 139 랜더스빌딩 5층 | **전화** (02)2234-7117
팩스 (02)2234-1086 | **홈페이지** matebooks.co.kr | **이메일** khg0109@hanmail.net
값 13,500원 | **ISBN** 979-11-6002-426-5 03100

검술에서는 칼로 찌르고 방어하는 것, 오직 이것만이 중요할 뿐이다.
이는 토론술에서도 마찬가지다. 말하자면 토론술은 정신으로 하는 검술이다.

- 아르투어 쇼펜하우어 -

차례

● 사람의 마음을 움직이는 38가지 설득 요령 ●

Arthur Schopenhauer

내 생각을 관철시키기 위한,
쇼펜하우어의 통찰

토론은 방송에서 전문가들만 하는 것이 아니다. 우리는 누구나 주변인들과 크고 작은 일에 관해 토론을 하며 산다. 그럼에도 우리는 토론이라고 하면 뭔가 거창하고 심오한 것, 방대한 지식, 탁월한 논리적 사고, 통찰력, 판단력, 순발력 있는 재치, 여기에다 탁월한 웅변가와도 같은 능력을 동원해야 한다고 여긴다. 이를테면 정치나 시사 토론, 또는 학술 토론을 먼저 떠올릴지도 모른다. 대개 우리 평범한 사람들은 이 같은 고도의 능력이 있어야 하는 토론과 거리가 멀다고 생각할 수도 있다. 그래서 누군가가 '이 문제에 관해 토론합시다'하고 제의를 해온다면 피할 구실을 먼저 찾고 싶을지도 모른다.

그런데 굳이 아리스토텔레스에서부터 헤겔에 이르기까지 유명 인사를 들먹일 것도 없이 토론이라는 단어를 그대로 살펴보면 언쟁, 즉 말싸움이라고 할 수 있다. 말하자면 품위 있고 고상하게 여겨지는 토론의 속내를 들여다보면 최소한 두 사람이 어떤 사안을 놓고 서로 말을 주고받으며 하는 기 싸움이다. 이렇게 쉽게 본다면, 어떤 사안을 인지하고 생각하고 판단할 줄 아는 우리 중 지금까지 단 한 번도 토론하지 않은 사람은 없을 것이다.

토론, 이는 분명 일종의 싸움에 해당한다. 그렇다면 여기에도 승자와 패자가 있기 마련이다. 그런데 태생적으로 약간의 허풍과 허영심을 지닌 데다 자기 스스로에게도 솔직하지 못한 우리 인간이 그 누구인들 기꺼이 패자가 되고 싶어 할까?

어떤 하나의 사안을 받아들이는 우리 인간은 각자의 방식대로 인지하고, 사고하고 또 판단한다. 게다가 우리는 남들보다 사태를 제대로 파악했고, 올바른 사고를 했고, 정확히 판단했다고 여긴다. 또한 보편성을 넘어 발생한 특별한 상황에서도 진실과 거짓을 가릴 수 있다고 스스로 뿌듯해한다.

이런 우리가 토론에서 기꺼이 승자의 자리를 상대방에게 내줄 리 없다. 아마도 '내 말이 맞다'라고 자기 생각과 주장을 관철하기 위해 동원할 수 있는 수단과 방법을 가리지 않을 것이다. 때로는 목소리 큰 사람이 이기기라도 하듯 고래고래 소리를 지르고, 맥락 없는 헛소리를 하고, 꼬투리를 잡았다 싶으면

옮긴이의 말

상대방을 집요하게 물고 늘어질 것이다. 때로는 본질과 무관한 인신공격까지 일삼으며 기어이 이기고 싶어 할 것이다. 패색이 짙어 보이는 상황에서도 꿋꿋이 아닌 척, 담대한 척, 심지어 자신이 이긴 것처럼 정신 승리로 무장하기도 할 것이다.

열띤 토론이 끝난 후, 진실인 듯 진실 아닌 듯한, 그러나 진실이 결론 난 뒤에는 분명 승자와 패자는 있다. 쾌재를 부르는 승자, 뒤끝이 쓸쓸한 패자, 때로는 토론에 참여한 양측 모두 어느 지점까지 막대한 내상을 입은 경우도 많은 것이다. 분명히 이 책을 읽고 있는 독자도 이러한 상황들을 적어도 한 번은 직접 경험했거나 때로는 아주 자주 보았을 것이다.

해박하고 뛰어난 지식이 있다고 토론에서 승자가 되는 것 같지는 않다. 또한 논리적 사고와 추론, 이성적인 성찰과 판단만으로는 토론에서 승자가 될 수 있는 것도 아니다. 그렇다고 해서 말만 번지르르하고 궤변을 일삼는다고 승자가 되지 않는다. 그렇다면 우리는 어떻게 하면 토론에서 승자가 될 수 있을까? '내 주장이 맞다'는 것을 어떻게 상대방에게 관철할 수 있을까? 보다 효율적으로 상대방의 주장을 제압하는 방법은 무엇이 있을까? 토론 상대방이 사용할 가능성이 있는 변칙들은 무엇이 있을까? 또한 상대방의 반칙이나 주장을 물리치려면 어떻게 해야 할까 궁금해질 것이다. 대철학자 쇼펜하우어가 지은 이 책에 그 모든 답이 있다.

쇼펜하우어는 이 책에서 논쟁이나 토론을 할 때 활용할 수 있는 38가지 요령을 기술하고 있다. 이 책은 1860년 쇼펜하우어가 사망한 뒤 그의 유고에서 거의 완성된 원고(1830년경에 작성된 것으로 추정)로 발견되어 제목 없이 발간되었다. 쇼펜하우어가 200년 전에 이 책을 집필한 참된 목적은 상대방의 야비한 술수에 당하지 않게 하는 지혜를 알려주기 위해서였다.

일단 말싸움이나 논쟁이 벌어지면 진실과는 관계없이 사람들은 오직 '자기 생각이 맞다'고 내세우기 마련이다. 그 이유는 허영심을 타고난 우리 인간의 사악한 본성에 기인한다고 쇼펜하우어는 말한다.

"인간은 항상 자신의 견해가 옳다고 주장하는 속성을 천성적으로 타고났다. 그리고 이러한 인간의 속성에서 오는 결과가 무엇인지에 대해서는 내가 토론술이라고 부르는 방법론에서 알려줄 것이다. 그럼에도 혹시 모를 오해를 방지하기 위해 나는 이 방법론을 '논쟁적 토론술'이라고 부르고자 한다. 따라서 이는 인간은 태생적으로 자기가 옳다고 주장하는 인간의 태도에 대한 학설이라고 할 수 있다."

쇼펜하우어에 따르면 논쟁적 토론술은 논쟁할 때 이기기 위해 사용하는 기술로서, 그 목표는 정당한 방법이든 부당한 방법이든 수단과 방법을 가리지 않고 '자신이 옳다'고 주장하는 데 있다. 그러므로 (논리학에서 다루는 쟁점 사항인) 객관적인 진리와 상관없이 토론술을 자신의 정당성을 주장하는 기술로만 고찰해야 한다고 그는 강조한다.

"토론술 자체는 본래 모든 종류의 공격, 특히 부정적인 공격으로부터 자기 자신을 방어하는 방법을 알려주는 데 있고, 또 스스로 모순되거나 상대방의 공격에 무너지지 않으면서 상대방의 주장을 직접 공격할 방법을 가르치는 데 있다. 그러므로 우리는 객관적인 진리를 찾는 것, 그리고 자신의 명제를 진리로 관철하는 기술을 명확히 구분해야 할 필요가 있다."

논쟁과 토론에 임하는 독자들이 이 책의 38가지 요령을 숙지해 잘 활용할 수 있기를 바란다.

모든 토론술의 기초,
두 가지 화법과 두 가지 방법

1

무엇보다도 먼저 모든 논쟁의 본질이 무엇인지, 즉 논쟁에서 실제로 무엇이 중요한가를 파악해야 한다.

상대방이 어떤 한 가지 논제를 제시했을 경우 (또는 우리가 제시했다고 해도 마찬가지다), 이 논제를 반박하는 데는 두 가지 화법과 두 가지 방법이 있다.

2

먼저 두 가지 화법으로는 1) 논쟁의 주제에 초점을 맞추는 화법, 2) 논쟁 상대방에게 초점을 맞추는 화법이나 상대방이 시인한 사실에 바탕을 두는 화법이 있다.

즉 우리는 상대방의 명제가 사물의 본질과 일치하지 않거나, 절대적이고 객관적인 진리와 부합하지 않는다는 점을 보여줘야 한다. 또는 상대방의 명제가 다른 주장이나 상대방이 이미 인정한 사실, 즉 상대적이고 주관적인 진리와도 부합하지 않는다는 점을 보여야 한다. 후자는 단지 상대적인 입증에 불과하므로 객관적 진리에는 아무런 문제를 야기하지 않는다.

3

이를 실현할 두 가지 방법으로는 1) 직접적인 반박, 2) 간접적인 반박이 있다.

직접적인 반박은 상대방이 내세우는 논제의 근거를 공격하는 방법이고, 간접적인 반박은 상대방의 논제가 초래할 결과를 공격하는 방법이다. 다시 말해서 직접적인 반박은 상대방이 내세우는 논제가 '참이 아니다'라는 점을 보여주고, 간접적인 반박은 상대방의 주장이 '참이 아닐 수 있다'라는 점을 보여주는 것이다.

직접적인 반박을 할 때는 두 가지 방식이 있다. 이를테면 상대방이 내세우는 주장의 근거들이 거짓임을 보여주거나(이는 상대방이 내세우는 대전제나 소전제를 반박하는 것이다), 또는 상대방이 내세우는 주장의 근거들을 일단 인정한 후, 그런 근거들을 가진 상대방의 주장으로는 아무런 결과가 나올 수 없다는 점을 보여주는 것이다(이는 상대방의 논리적 추론 과정을 반박하게 된다). 말하자면 논리적 귀결, 즉 논증 방식을 공격하는 것이다.

간접적인 반박을 위해서는 간접논증 방식이나 단순반증 방식을 사용한다.

간접논증부터 살펴보자. 상대방의 명제를 일단 참으로 인정한다. 그런 다음 이를 상대방의 다른 명제와 연관 지어, 상대방이 내세운 명제를 전제로 하나의 결론을 끌어낼 때 어떠한 결과가 나오는지를 상대방에게 보여준다. 그러면 상대방의 명제가 사물의 본질과 어긋나고, 이와 관련된 상대방의 다른 주장 자체와도 모순되기에 명백히 거짓이라는 결론을 나오게 할 수 있다.[1] 그러므로 상대방의 주장은 논쟁의 주제와도, 또는 상대방의 다른 주장 자체와 관련지어 보아도 모두 거짓이 되는 것이다.

이로써 상대방이 제시한 명제 역시 거짓이었음이 드러난다. 왜냐하면 올바른 전제에서만 올바른 명제가 도출될 수 있기 때문이다. 그러나 그렇다고 해서 거짓된 전제에서 언제나 거짓된 명제가 도출되는 것은 아니다.

단순반증은 상대방이 언급한 주장의 범주 안에 있는 또 다른 여러 개별적인 경우들이 타당한지를 직접적으로 입증해 보임으로써 보편적인 명제를 반박하는 것이다. 즉 상대방이 내세운 명제가 개별적일 때 타당성이 없으므로, 그 결과 상대방의 주장 역시 그 자체로 잘못되었다는 것을 보여준다.

4

바로 이것이 모든 논쟁의 기본 골격이자 뼈대다. 다시 말해서 이 두 가지 화법과 두 가지 방법으로 논쟁은 마침내 뼈대를 갖추게 된다. 왜냐하면 근본적으로 모든 논쟁의 결론은 언제나 이러한 뼈대를 토대로 귀결되기 때문이다. 물론 실제로 다 그런 것은 아니다. 그렇게 될 수도 있고, 또한 겉으로만 그렇게 보일 수도 있다. 말하자면 논쟁은 올바른 근거를 가지고 이루어질 수도 있고, 거짓된 근거를 가지고 이루어질 수도 있다. 또한 어떤 주장에 대해서 어느 것이 확실하다고 쉽게 단정을 지울 수 없기에 논쟁은 매우 길고 집요해진다.

5

우리는 지금 논쟁에 관한 이런 지침서를 쓰면서도 어떤 것이 옳은 주장이고, 어떤 것이 옳지 않은 주장인지를 구분할 수 없다. 왜냐하면 논쟁자들 자신도 어떤 주장이 옳은지 여부는 결코 미리 알 수 없기 때문이다. 따라서 나는 객관적으로 옳고 그르냐를 따지지 않고 논쟁에서 이용할 요령들을 보여주고자 한다. 왜냐하면 사실의 진위는 논쟁자 자신도 확실히 알 수 없고,

논쟁을 통해야만 비로소 가려질 수밖에 없기 때문이다.

　게다가 모든 논쟁이나 반론에 있어서 논쟁자들은 서로 간 어느 면에서는, 얼마만큼 상대방의 주장에 동의해야 한다. 원칙적으로 이런 점에 기반을 두어 사람들은 논쟁하고, 당면한 문제를 판단해야 한다. 바꿔 말하면, 이쪽에서 제시한 첫 명제를 아예 부정하는 사람과는 논쟁할 수 없다는 말이다.

Arthur Schopenhauer

사람의 마음을 움직이는
38가지 설득 요령

상대방의 주장을
확대시켜라

상대방의 주장을 본연의 의미범위 밖으로 끌어내라. 그리고 상대방의 주장을 가능한 한 보편적으로 해석하고, 가능한 한 넓은 의미로 받아들이고 과장해버려라.

반면에 자신의 주장은 가능한 한 제한된 의미가 되도록 하라. 즉 가능한 한 주장의 의미범위를 협소하게 축소하라.

왜냐하면 주장은 보편적일수록 그만큼 더 공격에 많이 노출되기 때문이다. 따라서 이런 요령에 말려들지 않으려면 논쟁의 쟁점이나 논쟁에서의 상황을 정확히 밝혀야 한다.

보기 1

내가 다음과 같이 말했다고 하자.

"영국인들은 가장 연극적 자질이 뛰어난 민족입니다."

그러자 상대방은 단순반증 방법을 시도하며 내 말에 이렇게 반박했다.

"그런데 그 탓에 영국인들은 음악에서도 오페라 분야에서도 아무런 업적을 남기지 못했다는 점은 잘 알려졌죠."

나는 기억을 되살려 상대방을 이렇게 몰아붙였다.

"음악은 연극적인 것에 포함되지 않습니다. 연극은 단지 비극과 희극을 지칭하는 말입니다."

아마 상대방도 이를 잘 알고 있으리라. 그러나 그는 나의 주장을 일반화하려 할 것이다. 그러고는 일반화에 따라 모든 연극적인 묘사 방식, 즉 오페라와 음악도 연극에 포함된다고 말함으로써 나의 주장을 물리치려 할 것이다.

만일 이미 말해버린 표현으로 나에게 유리한 환경이 조성되었다면, 처음의 의도에서 벗어나 주장을 축소함으로써 자신의 주장을 구해낼 수 있다.

A가 이렇게 말한다.

"1814년의 평화 조약으로 독일의 모든 한자 동맹 도시가 다시 독립하게 되었습니다."

이에 B가 단순반증 요령을 써서 "한자 동맹 도시인 단치히는 나폴레옹 보나파르트가 부여했던 독립을 1814년의 평화 조약으로 잃었다"라고 말한다.

그러자 A는 다음과 같은 말로 B의 공격에서 벗어난다.

"나는 독일의 모든 한자 동맹 도시라고 말했습니다. 단치히시는 폴란드의 한자 동맹 도시였습니다."

이 요령은 이미 아리스토텔레스의 『토피카』, 제8권, 12장, 11절에도 나와 있다.

라마르크(Lamarck)는 『동물 철학』에서 폴립(해파리 등과 같은 자포동물-옮긴이)에는 신경이 없어서 감각 능력이 없다고 말한다. 그러나 폴립들도 뭔가를 감지하는 게 분명하다. 왜냐하면 동작은 부자연스러워도 폴립들은 빛을 따라서 가지에서 가지로 이동하기 때문이다. 이들은 이런 식으로 먹이를 낚아챈다. 그래서 사람들은 폴립들에도 신경계가 몸 전체에 골고루 퍼져 있으며, 마치 온몸에 신경 조직이 녹아 있는 것으로 여겼다. 폴립들은 딱히 감각 기관이 없는데도 분명히 뭔가를 감지하는 능력이 있었기 때문이다.

이런 사실은 자신의 가설을 아예 뒤엎는 것이기 때문에 라마르크는 토론술을 이용해 이렇게 반박했다.

"그렇다면 폴립의 모든 신체 부위가 모든 종류의 감각을 인지할 수 있어야 하고, 또 운동, 의지 그리고 사고의 능력도 갖추고 있어야 한다. 정말로 그렇다면 폴립은 몸의 모든 부위에 가장 완벽한 동물에게나 있을 법한 기관을 다 갖추고 있다는 말이 된다. 이는 폴립의 몸을 구성하고 있는 모든 부위가 전부 볼 수 있고, 냄새를 맡을 수 있고, 맛을 볼 수 있으며, 들을 수 있다는 말을 뜻한다. 심지어 생각하고 판단하고 결론까지 내릴 수 있다는 말이 된다. 폴립의 신체 부위를 구성하는 모든 미립자 자체가 하나의 완벽한 동물이라는 셈이다. 그렇다면 폴립은 심지어 인간보다 훨씬 우월한 동물이 된다. 왜냐하면 인간은 몸 전체를 동원해야만 감지할 수 있는 능력을 폴립은 몸을 구성하는 각각의 부위가 모두 이러한 능력들을 갖추고 있기 때문이다. 폴립이 이런 능력을 정말로 갖추었다면, 가장 불완전한 존재인 모나드와 식물까지 응당 살펴보아야 하지 않을까?"

라마르크는 이와 같은 토론술의 요령을 사용함으로써 실제로는 자신의 가설이 '옳지 못하다'라는 것을 알고 있음을 은연

중에 드러내고 말았다. 사람들은 애초에 "폴립의 모든 신체는 빛에 반응하는 감각이 있으므로, 폴립의 모든 신체는 신경조직과 같다"라고만 말했었다. 그런데 라마르크는 이 말에서 폴립의 몸 전체가 생각할 수 있다는 주장을 끌어낸 것이다.

요령 1을 읽고 느낀 점을 적어보세요

동음 동형이의어를
사용하라

　상대방이 제시한 주장을 형태만 같은 글자를 사용해 상대방
의 주장이 논의 중인 사항과 전혀 공통점이라고는 없는 것으로
끌고 갈 수 있다. 말하자면 이렇게 함으로써 상대방의 주장을
부정하는 듯한 인상 자체를 심어주게 된다.

　이음동의어는 표현은 다르지만 둘의 개념이 하나로 같은 것
이다. 이에 반해서 동음 동형이의어는 같은 단어로 표현되지
만, 서로 다른 두 개의 개념을 일컫는다(아리스토텔레스, 『토피카』,
제1권, 13장 참조).

　예를 들어 tief는 '깊다'는 의미와 '낮다'는 의미를 같이 지니
고, schneidende 또한 '자르는 듯한' '찢어지는 듯한'의 의미를
함께 지니고, 또 hoch는 '키가 큰' '소리가 높은'이라는 뜻을 지
닌다. 이런 낱말은 물체나 음향에 대해서 사용하는 동음이의어
다. 반면에 ehrlich(정직한)와 redlich(정직한)은 이음동의어다.

이 요령은 궤변에서 사용하는 동음 동형이의의 기법과 같다고 볼 수 있다. 그러나 명백히 궤변에서 사용하는 동음 동형이의는 그저 심심풀이로 가볍게 상대방을 속이려고 하는 것일 뿐이다.

모든 빛은 꺼질 수 있다.
이성은 빛이다.
이성은 꺼질 수 있다.

이 글을 보면 네 개의 용어가 나오는데, 여기서 '빛'은 본래의 의미뿐 아니라 상징적인 의미로도 쓰인 것을 알 수 있다. 그러나 요령을 이렇게 세밀하게 사용할 경우 자칫 같은 용어로 표현되는 유사한 개념이나 서로 중첩되는 개념을 본래의 개념으로 쉽게 속일 수 있게 된다.

A: 당신은 칸트 철학의 비밀종교에 아직 가입하지 못했군요.

B: 아, 나는 비밀종교 따위에는 전혀 관심 없어요.

보기 2

나는 어느 논쟁에서 상대방한테 받은 모욕으로 자신의 명예가 실추되었을 경우 훨씬 더 심하게 상대방을 모욕하거나, 아니면 상대의 피든 자신의 피든 피는 피로 씻어야 한다는 '명예의 원칙'을 따르는 것에 대해 어리석은 짓이라고 비난했다. 그에 대한 근거로 진정한 명예란 타인으로 인해 고통에 시달린다고 해서 훼손되는 게 아니라, 오직 자신이 행한 것에 의해서만 훼손될 수 있는 것이라고 말했었다. 왜냐하면 사람마다 제각기 다른 온갖 고초를 겪을 수 있기 때문이다.

그러자 상대방은 내가 내민 근거를 직접 공격했다. 요약하자면, 그는 어느 상인이 장사하면서 사기를 치는 등 불법적인 행동을 저질렀다거나 또는 장사를 소홀히 했기 때문에 잘못되었다고 말한다면, 이는 상인에 대한 공격이라는 점을 명백하게 밝혔다. 그러면서 이런 비난 때문에 겪은 고통으로 상인의 명예가 훼손되었으며, 상인은 공격자들을 처벌하고 자신을 비난했던 상대의 모욕을 다시 번복시킴으로써 자신의 명예를 회복할 수 있다고 말했다.

여기서는 일단 평판이 좋아, 오로지 중상모략을 통해서만 훼손될 수 있는 '시민적인 명예'를 동음 동형이의어를 이용해 '기사의 명예'라는 개념에다가 전가한다. 이 기사의 명예는 대개 명예 자체가 핵심이어서 이에 대한 모욕만으로도 명예가 훼손되어버린다. 결국 이 표현에 대한 공격을 무시할 수 없기 때문에 공개적으로 반박해 자신을 방어해야만 하는 것이다. 같은 이유로 이 반박에 대한 공격 역시 당연하게도 가만히 무시할 수 없게 된다. 오히려 보다 심한 모욕과 결투로 물리쳐야 한다고 생각하게 될 것이다.

　이처럼 '명예'라는 동음 동형이의어로 인해 본질적으로 서로 다른 두 가지 사안이 뒤섞여 혼동이 일어났다. 이렇게 동음 동형이의어를 사용하면 '쟁점의 변화'가 이루어질 수 있다.

요령 2를 읽고 느낀 점을 적어보세요

상대방의 주장을
보편화하라

이를테면 비교적 상대적인 관점에서 말한 상대방의 주장을 마치 보편적인, 즉 단순하고 절대적인 관점에서 말한 주장인 것처럼 하라[3]. 아니면 적어도 상대방의 주장을 완전히 다른 관계로 파악해서 그의 주장에 반박하라.

아리스토텔레스가 제시한 보기는 다음과 같다.

"무어인은 검다. 그러나 치아를 보면 하얗다. 그러므로 무어인은 검으면서 동시에 검지 않다."

이것은 일부러 지어낸 보기에 불과하다. 여기에 진지하게 속아 넘어갈 사람은 없다.

그렇다면 이제 반대로 우리가 실제로 겪은 것을 보기로 들어보자.

철학에 관한 대화에서 나의 철학 체계는 정적주의자들(quietism)을 옹호하고 칭송한다는 사실을 시인했다. 곧바로 헤겔에 관한 이야기로 이어졌다. 나는 헤겔이 상당 부분 터무니없는 것들을 글로 썼다고 주장했다. 적어도 그의 저술 중 상당 부분은 그저 아무 말을 늘어놓은 것에 불과하기 때문에 독자가 알아서 직접 의미를 부여해야 한다고 말했다.

그러자 상대방은 나의 이러한 주장이 논쟁의 내용과 관련되느냐를 따져 묻지 않고, 오히려 논쟁 상대와 관련된 논증을 제시하는 것으로만 제한하며 반박했다. 이렇게 말이다.

"저라도 당신처럼 정적주의자들을 칭송했을 것입니다. 그런데 이들도 마찬가지로 허튼 내용을 많이 썼을 텐데요."

상대방의 이 같은 말에 일단 시인하고 나서 나는 상대방의 오류를 이렇게 수정했다. 나는 정적주의자들을 이론적인 업적 때문에 칭송하는 것이 아니라 아주 실제적인 관점에서 철학자나 저술가로서, 그리고 인간으로서 그들이 한 행동 때문에 칭송한다고 말이다. 반면에 헤겔에 대한 나의 비판은 이론적인 업적에 관한 것이라고 말했다. 이렇게 나는 상대방의 공격을 물리쳤다.

　지금까지 언급한 첫 세 가지 논쟁의 요령들(요령 1, 요령 2, 요령 3)은 서로 유사하다. 즉 여기에는 상대방이 원래 제시된 논쟁거리가 아닌 뭔가 다른 것을 언급한다는 공통점이 있다. 그리고 논쟁에서 완패당할 때는 상대방의 반증을 알아채지 못하는, 즉 '반증에 대한 무지'를 범하게 된다. 왜냐하면 지금까지 열거한 모든 보기에서 알 수 있듯이 상대방이 말한 것은 참이었다. 그러나 상대가 제시한 논제는 실제로 모순된 것은 아님에도 모순처럼 보이게 하는 측면이 있었다. 따라서 상대방의 공격을 받은 사람은 상대가 끌어낸 결론의 논리성을 부정해야 한다. 다시 말해 우리는, 자신의 명제가 진리이며 우리가 내세운 명제는 거짓이라고 결론 내린 상대방의 논리적 방식을 부정해야 하는 것이다. 이는 상대방의 반증에 대해 그 논리적 추론 방식을 문제 삼는 직접적인 반박이다. 직접 반박을 통하면 상대방이 끌어내는 논리적 추론의 결과가 어떻게 될지 예측할 수 있으므로 상대방이 제시한 참된 전제들을 인정하지 않는 것이다. 이를 막을 수 있는 수단으로 다음 두 가지 (요령 4와 요령 5)가 있다.

요령 3을 읽고 느낀 점을 적어보세요

상대방이 당신의 결론을
예측하지 못하게 하라

어떤 결론을 내리고자 할 경우 상대방이 당신의 결론을 예측하지 못하게 하라. 오히려 대화하면서 당신의 전제들을 개별적으로 분산시켜 상대방이 자신도 모르게 당신의 전제들을 시인하게 만들어라. 안 그러면 상대방은 온갖 트집을 잡을 것이다.

만일 유감스럽게도 상대방이 당신이 내세운 전제들을 시인할 것 같지 않으면, 그 전제들에 대한 또 다른 전제들을 제시하라. 말하자면 전제에서 만들어진 결론이 다음 삼단논법의 전제가 되는 전 삼단논법(Prosyllogism)을 만들어라. 그리고 나서 순서를 따지지 말고 되는 대로 상대방이 이와 같은 여러 전제의 전제들을 시인하게 만들어라.

마치 게임처럼 당신이 결론 내리기에 필요한 모든 것을 상대방이 시인할 때까지 숨겨라. 그리고 나면 당신의 결론을 먼 곳에서 끌어와라.

아리스토텔레스의 『토피카』, 제8권, 1장에서 이 규칙을 서술하고 있다. 이에 대해서는 보기를 들 필요가 없다.

요령 4를 읽고 느낀 점을 적어보세요

상대방의 사고방식을
이용하라[4]

당신은 자신이 내세운 명제를 증명하기 위해 거짓된 전제들을 사용할 수도 있다. 말하자면 상대방이 참인 당신의 명제들을 인정하려 들지 않을 경우 상대방이 당신이 내세운 전제들이 참되다는 것을 아직 알아차리지 못했거나, 아니면 당신이 내세운 전제들로부터 진실이 도출될 수 있으리라고 생각했기 때문이다.

그러므로 이럴 땐 명제 자체로는 거짓이지만, 논쟁 상대방과 관련하면 참이 되는 명제를 내세워라. 그런 후 상대방이 사용하는 사고방식으로 반박해 수긍하게 하라. 왜냐하면 거짓된 전제들에서도 참이 나올 수 있기 때문이다. 물론 그렇다고 해서 참인 전제들에서 거짓이라는 결과는 결코 나올 수 없다.

이와 마찬가지로 상대방이 참이라고 여기는 또 다른 거짓된 명제들로 상대방의 거짓 명제들을 반박할 수 있다. 왜냐하면 지금 논쟁할 때 상대하는 사람은 다름 아닌 그, 즉 상대방이기 때문이다. 따라서 당연히 상대방의 사고방식을 이용해야 한다.

예를 들어 상대방이 우리가 인정하지 않은 어느 한 종파의 신봉자라고 하자. 그러면 우리는 그를 상대할 때 그 종파의 잠언들을 논쟁의 전제로 사용할 수 있다(아리스토텔레스, 『토피카』, 제8권, 9장).

요령 5를 읽고 느낀 점을 적어보세요

은폐된 순환 논증을
사용하라

은폐된 순환 논증으로 우리가 입증해야 할 주장이 기정사실임을 인정할 수 있으면, 다음과 같은 방법을 사용하라.

첫째, 다른 명칭을 사용하라.

예를 들어 '명예' 대신에 '좋은 평판'을, '순결' 대신에 '미덕'과 같은 말을 사용하고, 또는 다른 말로 바꾸어 쓸 수 있는 개념들, 이를테면 척추동물 대신에 적피동물이라는 명칭을 사용하라.

둘째, 개별적으로 논란이 되는 일을 확장해 보편적인 것으로 만들어라.

예를 들어 의학의 불확실성을 말하면서 인간이 거둔 모든 지식이 불확실하다는 것을 기정사실로 만들어버려라.

셋째, 두 가지가 동시가 아닌 뒤이어 나타나는 경우 하나를 증명하기 위해 다른 것을 기정사실로 가정하라.

넷째, 어떤 명제가 보편적임을 입증하려면, 명제를 주장하는 당사자가 먼저 각각의 개별적 사안들을 시인하라(이것은 각 개별적인 내용에 대해서 우선으로 상대방의 시인을 받아야 한다는 요령 2와 정반대다). (아리스토텔레스, 『토피카』, 제8권, 2장)

아리스토텔레스의 『토피카』의 마지막 장을 보면 이러한 토론술의 연마에 관한 훌륭한 규칙들이 있다.

요령 6을 읽고 느낀 점을 적어보세요

요령
07

빠른 질문 공세로
시인하게 만들어라

논쟁이 보다 엄격하고 공식적으로 진행되는 상황에서 자신의 의견을 제대로 분명하게 이해시키기 위해서는 먼저 의견을 주장하고, 그 주장을 입증해야 하는 사람이 상대에게 질문하는 태도를 보여야 한다. 그래야만 상대방이 직접 시인한 것을 바탕으로 자신의 주장이 참이라는 결론을 끌어낼 수 있다.

이와 같은 문답 형식의 방법은 고대 철학자들이 특히 즐겨 사용했었다(그래서 이는 '소크라테스 방법'이라고도 불린다).

앞으로 소개될 요령 몇 가지도 요령 7번과 관련되어 있다.

실제로 시인을 받아내려는 내용이 무엇인지 상대방이 눈치 채지 못하게 하려면 상대방에게 한꺼번에 이것저것 마구잡이로 질문하라.

또한 상대방이 실제로 시인한다면 그걸 근거로 재빨리 반박해야 한다. 왜냐하면 이해가 느린 사람들은 우리가 하는 말을

제대로 쫓아오지 못하고, 또한 논증 과정 중에서 우리가 범할
수 있는 오류나 허점을 미처 알아채지 못하기 때문이다.

요령 7을 읽고 느낀 점을 적어보세요

상대방을
화나게 하라

화가 난 상태에서는 올바로 판단할 수 없고, 자신의 장점을 감지할 수 없다.

상대방의 화를 부추기려면 노골적으로 상대방을 부당하게 대하고, 트집을 잡아라. 그야말로 뻔뻔하게 굴어야 한다.

요령 8을 읽고 느낀 점을 적어보세요

요령
09

두서없이 중구난방으로
질문하라

결론을 끌어내는 데 필요한 질문들을 질서정연하게 하지 말고 두서없이 중구난방으로 하라. 그러면 상대방은 우리가 원하는 바를 알 수 없고, 어디서 어떤 질문이 튀어나올지 몰라 대비할 수 없게 된다. 게다가 그가 한 대답을 다양한 결론을 끌어내는 데 사용할 수 있다. 심지어는 상대방의 답변에 따라 정반대의 결론까지도 끌어낼 수 있다.

'상대방이 당신의 결론을 예측하지 못하게 하라'는 내용의 요령 4와 유사하다.

요령 9를 읽고 느낀 점을 적어보세요

정반대의 내용으로
상대방을 혼란스럽게 하라

'예'라는 대답이 필요한데 상대방이 의도적으로 '아니오'라고 대답할 것 같으면, 필요한 명제와 정반대되는 내용을 상대방에게 물어야 한다.

이때는 마치 상대방이 정반대의 내용에 긍정적인 대답을 할 것임을 미리 알고 있다는 인상을 주는 게 좋다. 또는 적어도 상대방이 둘 중 하나의 대답을 선택하게끔 하면 된다. 그러면 상대방은 정작 우리가 어떤 명제에 긍정적인 대답을 얻으려고 하는지 눈치채지 못하게 된다.

요령 10을 읽고 느낀 점을 적어보세요

개별적 사안에 대한
시인을 일반화하라

우리가 귀납법을 사용할 때, 또한 우리의 진리에 대한 주장을 적용할 수 있는 개별적인 경우들이 있다고 상대방이 시인했을 때, 이러한 개별적인 경우들에서 나타나는 보편적인 진리를 시인할 것이냐고 굳이 또 한 번 상대방에게 물을 필요는 없다. 나중에 가서 상대방이 우리와 보편적 진리에 대해 함께 결정하고 시인했다고 말하면 된다.

그렇게 말하면 상대방은 때때로 자신이 진짜로 그것을 시인했다고 생각하기도 한다. 또한 이렇게 함으로써 개별적인 사안들에 대해 우리가 던진 많은 질문을 기억하는 청중들에게도 그 목적을 달성했다는 인상을 심어줄 수 있다.

요령 11을 읽고 느낀 점을 적어보세요

주장에 유리한 비유를
재빨리 선택하라

고유 명칭이 없어서 최대한 유사한 명칭을 이용했지만 그래도 비유적으로밖에 표현할 수 없는 어떤 보편적인 개념에 대한 논쟁을 벌일 경우 우리는 우리의 주장에 유리한 비유를 최대한 빨리 선택해야 한다.

예를 들어보자. 스페인에는 두 개의 정당을 일컫는 명칭이 있다. 하나는 '노예당'이고, 하나는 '자유당'이다. 틀림없이 자유당이 다른 당을 노예당으로 칭했을 것이다. '프로테스탄트'라는 명칭은 프로테스탄트들 자신이 직접 선택했을 것이고, '복음주의자'라는 명칭 역시 복음주의자들이 선택했을 것이다. 그러나 '이단자'라는 명칭은 그들이 아닌 가톨릭교도들이 선택한 것이다.

이 요령은 이보다 훨씬 더 구체적인 사물들을 지칭하는 명칭들에도 해당한다. 예를 들어 상대방이 어떠한 변화를 제안했으면, 당신은 이를 '혁신'이라고 지칭하라. 왜냐하면 이 표현은 상당히 악의적이기 때문이다.

이와 반대로 자신이 직접 이 제안을 한 당사자일 때는, 첫째, '변화'에 반대되는 내용으로 '현존 질서'라는 표현을 써라. 둘째, 새로 바뀐 포도주 병의 모양이 배가 불룩해진 것에 빗대어 고급 프랑켄 포도주를 '염소의 음낭', 즉 '복스보이텔(Bocks-beutel)'이라고 지칭하라.

이를테면 아무런 의도가 없는 중립적인 사람이 '숭배'나 '공적인 교리'라는 표현을 썼을 경우 종교를 옹호하려는 사람은 '깊은 신앙심'이라든가 '경건함'이라고 표현하고, 이에 반대하는 사람은 '광신'이라든가 '미신'이라고 칭한다.

기본적으로 이 방법은 세부적인 순환 논증에 속한다. 즉 먼저 자신이 명백히 밝히고자 하는 바를 일단 말로 표현하고 지칭하고 나면, 그제야 그 표현과 지칭 속에서 자신이 무엇을 명백히 밝히고자 했는지가 드러나게 된다. 똑같은 사안을 이야기하고 있어도, 한 사람이 '신변의 안전을 위해서' 또는 '보호하기 위해서'라고 말하더라도, 상대방은 이를 '감금'이라고 표현하기 마련이다.

　말을 하는 사람은 사물에 붙이는 명칭들을 통해서 이미 자신의 의도를 드러낸 것과 같다. 그런 까닭에 누군가가 '성직자'라는 단어를 말하면, 상대방은 '성직자 나부랭이'라고 말할 것이다.

　논쟁의 모든 요령들 중에서 사람들은 이 요령을 가장 많이 사용한다. 한마디로 사람들은 논쟁할 때 거의 본능적으로 자신의 주장에 유리한 비유를 사용하고 있다.

　요령 12에 해당하는 몇 가지 표현을 예로 들면 다음과 같다.

열광적 신앙심 = 광적인 신앙심

외도 또는 과도한 친절 = 간통

모호하고 부적절한 말 = 음담패설

경제적 혼란 = 파산

영향과 연고를 이용해 = 매수와 족벌주의를 이용해

진심의 감사 표현 = 합당한 대가

요령 12를 읽고 느낀 점을 적어보세요

상반되는 두 가지 명제를
동시에 제시해 선택하게 하라

우리가 내세운 명제를 상대방이 받아들이게 하려면, 본래의 명제와 더불어 정반대되는 명제를 함께 제시해 상대방에게 선택하게 하라. 이때는 정반대되는 명제를 훨씬 더 큰 소리로 말하라. 그러면 상대방은 모순에 빠지지 않으려고 상반된 것 중 훨씬 더 개연성이 있어 보이는 우리의 명제를 수용할 수밖에 없게 된다.

한 예시로, '사람은 자기 아버지가 말하는 것을 모두 따라야 한다'라고 시인하게 만들려면, 상대방에게 이렇게 물어야 한다. "사람은 모든 일에서 부모의 말에 복종해야 할까요. 아니면 복종하지 말아야 할까요?"

또는 어떤 사안에 관한 논쟁에서 '종종'이라는 말이 나왔다고 치자. 그러면 우리는 상대방이 사용하는 '종종'이라는 말을 '적은' 경우들로 이해해야 하는지, 아니면 '많은' 경우로 이해해야 하는지 상대방에게 물어야 한다.

　그러면 그는 '많은' 경우들이라고 대답할 것이다. 이것은 마치 검은색과 회색을 나란히 놓으면 회색이 하얗다고 말하고, 회색을 흰색 옆에 나란히 놓으면 검다고 할 수 있는 것과 같은 이치다.

요령 13을 읽고 느낀 점을 적어보세요

뻔뻔하게
굴어라

상대방에게 많은 질문을 하고 그에 대한 대답을 얻었으나, 정작 우리가 의도하는 결론에 유리한 대답이 나오지 않았을 때를 생각해보자. 사실상 상대방의 대답으로는 절대 원하는 결론을 끌어낼 수 없는 상황이다.

그런데도 마치 상대방의 대답으로 결정적인 명제가 증명된 듯 말하고, 오히려 기세등등하고 뻔뻔하게 굴면 상대방에게 치명적인 타격을 가할 수 있다. 특히 상대방이 소심하거나 학식이 떨어질 경우, 또 당사자의 성격이 매우 뻔뻔스럽고 목소리가 클 경우, 이 방법은 아주 잘 먹혀들어갈 수 있다.

이 요령은 실제 근거가 없는 것을 마치 근거가 있는 것처럼 행하는 기만에 속한다.

요령 14를 읽고 느낀 점을 적어보세요

참은 참인데
확실하지 않은 참을 제시하라

한 가지 모순된 명제를 제시하긴 했는데, 당황스럽게도 이를 증명할 방법이 막연할 경우 먼저 상대방에게 참은 참인데 완벽하게 참이라고 확신할 수 없는 명제를 제시하라. 그리고 상대방이 이를 받아들이거나 거부하게 하라.

이때는 상대방에게 마치 우리가 여기에서 어떤 증거를 만들려 한다는 인상을 주어야 한다. 상대방이 의심하고 거부할 경우, 우리는 그 명제의 불합리성을 증명해 보이고 승리를 거두게 된다. 그러나 상대방이 그 명제를 받아들이면, 일단 뭔가 그럴듯하고 분별 있는 말을 몇 마디 던지고 나서 좀 더 추이를 지켜봐야 한다.

또는 앞에서 언급한 요령을 덧붙여서, 이제는 상대방의 선택, 즉 명제에 대한 거부나 인정으로 이미 우리의 역설이 증명되었다고 주장할 수도 있다. 이럴 때는 극도의 뻔뻔스러움이 있어야 한다. 이러한 뻔뻔스러움은 경험을 통해 자연스럽게 생기게 된다. 그런가 하면 이 모든 것을 본능적으로 잘해내는 사람들도 있다.

요령 15를 읽고 느낀 점을 적어보세요

상대방과 관련된
모든 것을 이용하라

이것은 논쟁 상대가 사용한 논증 혹은 논쟁 상대와 관련된 것에 근거한 논증의 경우다. 상대방이 어떤 주장을 하면 우리는 그의 주장이 어떠한 방식으로든, 부득이한 경우에는 겉으로 드러난 측면에서라도 상대방이 앞서 말한 다른 어떤 것들과 모순되는 점이 있는지를 찾아내야 한다.

말하자면 상대방이 전에 말하거나 시인한 것, 혹은 그가 칭송하고 인정하는 학파나 종파의 규정들, 또는 이 종파 신봉자들의 행동, 심지어 이 종파를 겉으로만 신봉하는 자들의 행동, 아울러 상대방 자신이 행동하거나 용인했던 것 등과 모순되지 않는지를 찾아내야만 한다.

예를 들어 상대방이 자살을 옹호하면, 즉시 "그런데 왜 당신은 목을 매지 않습니까?"라고 소리치면 된다. 또는 상대방이 "베를린은 눌러 살기에는 불편한 도시입니다"라고 주장하면 곧바로 이렇게 소리치면 된다. "그런데 왜 당신은 당장 첫 기차를 타고 이곳을 안 떠납니까?"

이렇게 하면 상대방의 주장을 어느 정도 흠집 낼 수 있는 트집거리를 만들어낼 수 있다.

요령 16을 읽고 느낀 점을 적어보세요

미묘한 차이를
이용하라

상대방이 반증을 제시하며 우리를 궁지로 몰아붙일 경우 때로는 우리가 했던 주장을 세밀하게 구분함으로써 궁지에서 벗어날 수 있다.

이는 우리가 미처 생각하지 못했던 방법이기도 하다. 그러나 이러한 방법은 논쟁의 사안이 어느 정도 이중적인 의미를 지니고 있거나 완전히 이중적일 때 가능하다.

요령 17을 읽고 느낀 점을 적어보세요

진행을 방해하고
논쟁의 방향을 바꿔라

우리의 주장을 물리칠 수 있는 확실한 논거를 상대방이 찾았
다는 걸 알아차린 순간, 우리는 상대방이 자신의 논거를 끝까
지 밀어붙이지 못하게 해야 한다. 제때 끼어들어 논쟁의 진행
을 중단시키거나, 다른 명제로 건너뛰거나 논쟁을 아주 다른
방향으로 돌려라. 본래의 논제에서 벗어나 다른 쪽으로 끌고
가야 한다.

간단히 말해서 이 방법은 논쟁의 방향을 바꾸는 것이다(이에
대해서는 요령 29를 참조하라).

요령 18을 읽고 느낀 점을 적어보세요

논쟁의 사안을 일반화해
상대방을 공격하라

상대방이 우리더러 자신의 주장이 어느 부분에서 문제가 있는지 정확히 이의를 제기하라고 단호하게 요구했는데 사실 마땅히 이의를 제기할 만한 게 없다면, 사안을 아주 보편적인 것으로 끌고 가라. 그런 다음 바로 이 보편적인 부분에 대한 이의를 제기하라.

이를테면 상대방이 우리에게 왜 특정한 물리학적 가설을 신뢰하지 않느냐고 물었다고 하자. 그러면 우리는 인간이 만든 지식의 허위성에 대해서 말할 수 있다. 나아가 온갖 예를 들어가면서 이에 대한 허위성을 설명하면 된다.

요령 19를 읽고 느낀 점을 적어보세요

상대방이 시인한 것을 근거로
서둘러 결론을 내려라

꼬치꼬치 캐물어서 상대방이 주장하는 전제들을 알아냈고, 아울러 상대방이 이를 시인했다면, 더는 질문하지 말고 상대방이 시인한 전제들을 근거로 곧바로 결론을 끌어내야 한다.

심지어 그 결론을 끌어내기에 아직 한두 가지 전제가 더 필요하더라도 상관없다. 전제가 부족하든 그렇지 않든 일단 상대방이 그것을 시인한 것으로 간주하고 결론을 끌어내야 한다. 이것은 근거가 될 수 없는 것을 근거라고 가정해 상대방을 기만하는 기술이다.

요령 20을 읽고 느낀 점을 적어보세요

상대방의 궤변에는
궤변으로 맞서라

순전히 겉으로만 그럴듯해 보이고 궤변에 가까운 상대방의 논거를 눈치챘다면, 그 자리에서 곧장 상대방의 논거에서 나타난 문제점과 허구성을 낱낱이 파헤칠 수도 있다. 그렇지만 이럴 땐 우리도 똑같이 겉으로는 그럴듯하고 궤변에 가까운 논거로 반박해 상대방의 논거를 물리치는 것이 더 좋다. 왜냐하면 토론에서는 진리가 아니라 승리가 목적이기 때문이다.

예를 들어 상대방이 논쟁 상대인 당신을 겨냥할 경우 똑같은 방법으로 상대방을 무력화시키면 된다. 때로는 사안의 진위에 대한 긴 논쟁을 하기보다는 이런 요령을 사용하는 것이 더 간단하고 명료하다.

요령 21을 읽고 느낀 점을 적어보세요

요령
22

억지를 부리면서
상대의 요구를 거절하라

상대방이 현재 논란이 되는 문제의 결론과 직결될 수 있는 무언가를 시인하라고 요구할 경우 우리는 순환 논증(petitio principii), 즉 상대방이 자신의 주장을 진실로 단정한다고 억지를 부리면서 그의 요구를 거절하라. 왜냐하면 상대방이나 청중들은 쟁점중인 문제와 유사한 명제를 현재 논란이 되는 문제 자체와 동일시하기 쉽기 때문이다. 그렇게 함으로써 상대방이 사용할 수 있는 최상의 논거를 제거할 수 있다.

요령 22를 읽고 느낀 점을 적어보세요

상대방을 자극해
무리한 주장을 하게 하라

반박과 말싸움으로 상대방을 자극해 상대방이 자신의 주장을 과장하게 만들 수 있다. 이를테면 상대방의 주장 자체는 진실이고, 또 일정한 범주 안으로 제한하면 상대방의 주장은 진실이 분명해지는 상황이다. 이럴 때 반박을 통해서 상대방을 자극하면, 상대방은 제한된 범주를 벗어나 무리한 주장을 하게 된다. 이제 상대방의 과장된 주장을 반박하기만 하면 된다. 그러면 마치 우리가 상대방의 원래 명제까지도 반박하는 것처럼 보이게 될 것이다.

반면에 우리는 상대방의 반박에 흥분해 우리의 주장을 과장하거나 지나치게 확대하는 일이 없도록 주의해야 한다. 왜냐하면 상대방 역시 우리를 직접적으로 자극해 우리가 내세운 주장을 더욱 과도하게 확대할 기회를 호시탐탐 노릴 것이기 때문이다. 상대방이 이러한 술수를 쓰면 즉시 제지해야 한다. 그리고 다음과 같은 말로써 상대방을 다시 우리 주장의 경계선 안쪽으로 끌고 들어와야 한다.

"제가 말한 것은 여기까지입니다. 그 이상을 말하는 것이 아닙니다."

요령 23을 읽고 느낀 점을 적어보세요

거짓 추론과 왜곡을 통해 억지 결론을 끌어내라

사람들은 상대방의 명제를 근거로 거짓 추론을 하거나 개념을 왜곡함으로써 실제로는 상대방이 주장하는 명제 속에 들어 있지도 않고, 심지어 상대방의 의견도 아닌, 오히려 부조리하고 위험한 명제들을 강제로 끌어낼 수 있다. 그러면 이제 상대방의 명제를 근거로 해서 생긴 위험한 명제들이, 상대방 자신이 주장한 명제나 상대방이 이미 인정한 진리들과 모순되는 것처럼 보일 것이다.

이것은 간접 반박(apagoge)에 해당하고, 또한 근거가 아닌 것을 근거라고 가정함으로써 상대방을 기만하는 데 사용하는 방법이다.

요령 24를 읽고 느낀 점을 적어보세요

반증 사례를
찾아라

이번 요령은 반증 사례(exemplum in contrarium)를 제시하는 간접 반박에 해당한다.

귀납법에서는 보편적인 명제를 제시하기 위해 많은 양의 사례가 필요하다. 이에 비해 '현행범 체포식'이라는 논증 방법은 보편적인 명제와 부합하지 않는 단 한 가지 사례만 있으면 된다. 그러면 그 보편적인 명제는 무너지고 만다. 그와 같은 사례를 반증이라고 부른다. 예를 들어 '되새김질하는 동물들은 모두 뿔이 나 있다'라는 명제는 낙타라는 단 한 가지 반증 사례로 무너진다.

반증이란 보편적 진리의 기본 개념 속에 포함되지만, 이 진리와 부합하지 않는 한 가지 경우를 적용해 진리를 완전히 전복시키는 것을 말한다. 이때도 속임수가 있을 수 있다. 그러므로 상대방이 단순 반증을 제시할 경우 다음과 같은 점들을 조심해야 한다.

첫째, 해당 사례가 실제로 참인지 여부를 확인해야 한다. 왜냐하면 언급한 사례가 실제로 참이 아닌데 해당 사안의 유일한 해결책인 경우도 있기 때문이다. 예를 들어 수많은 기적, 유령이야기 등이 그렇다.

둘째, 해당 사례가 현재 논의 중인 진리의 개념 속에 실제로 포함되는지 여부를 확인해야 한다. 겉으로 보면 그럴싸한 사례들도 많으므로 이를 엄밀히 구분해야 할 필요가 있다.

셋째, 해당 사례가 진리와 실제로 모순되는지 여부를 확인해야 한다. 이 또한 겉으로만 진리에 해당하는 것처럼 보이는 경우가 빈번하기 때문이다.

요령 25를 읽고 느낀 점을 적어보세요

상대방의 논거로
역공하라

상대방에게 멋지게 한 방 날리는 요령 중 하나는 상대방의 주장을 완전히 뒤집는 것이다. 그것은 바로 상대방이 이용하려던 논거를 상대방을 공격하는 데 더 유용하게 사용하는 것이다.

예를 들어 상대방이 이렇게 말한다고 하자. "그는 어린아이입니다. 이 점을 참작해야 합니다."

그러면 "바로 어린아이기 때문에 나쁜 버릇이 굳어지지 않도록 따끔하게 혼내야 합니다"라고 역공하면 된다.

요령 26을 읽고 느낀 점을 적어보세요

요령
27

상대가 불같이 화를 내는 곳에
약점이 있다

어떤 논거가 언급되었을 때 상대방이 느닷없이 화를 내면, 우리는 이 논거를 집요하게 몰아붙여야 한다.

단순히 상대방을 화나게 만들었다고 해서 좋은 것은 아니다. 상대방이 이렇게 불같이 화를 낸다는 것은 바로 그 논거가 상대방의 약점을 건드렸다고 추측할 수 있기 때문이다. 따라서 상대의 화를 불러일으킨 논거로 상대를 더 몰아세운다면 우리는 기대 이상으로 상대방에게 훨씬 더 심한 타격을 가할 수 있다.

요령 27을 읽고 느낀 점을 적어보세요

상대방이 아닌
청중을 겨냥하라

이 요령은 주로 학자들이 학식이 없는, 즉 무지한 청중들 앞
에서 논쟁을 벌일 때 사용할 수 있다.

논쟁의 소재와, 심지어는 논쟁 상대방과 관련된 마땅한 논거
마저도 없을 때, 우리는 청중에게 어필할 수 있는 논거를 하나
만들면 된다. 이를테면 청중에게 타당성이 없는 논거를 던져
라. 그런데 논거에 타당성이 없다는 사실은 오직 전문가들만
알아차릴 수 있어야 한다. 상대방은 전문가라서 이 사실을 알
수 있지만, 청중은 알지 못하기 때문에 청중들의 눈에 상대방
은 패배한 것처럼 보이게 된다.

특히 이의를 제기해 상대방의 주장에서 어떤 식으로든 우스
꽝스러운 면모를 들추어내면, 청중은 금방 웃음을 터트릴 것이
다. 이때 청중은 웃음을 통해 우리 편이 된 것과 마찬가지다. 물
론 상대방은 우리가 제기한 이의가 터무니없다고 주장할 수 있

다. 그러나 이를 증명하려면 긴 논쟁을 벌여야 하고, 또 과학의 원칙들이나 그 밖의 다른 문제들을 동원해야 한다. 이러한 장황한 설명으로는 학식이 짧은 무지한 청중의 호응을 받기가 어렵다.

보기 1

상대방이 다음과 같이 말한다고 하자. "태초에 산맥이 형성될 때, 화강암과 그 밖의 산맥을 이루는 물질들은 모두 열에 의해 녹아서 액체 상태였습니다. 그때 온도는 틀림없이 200도 정도 되었을 것입니다. 이 액체 물질은 바다 속으로 흘러가다가 결국 지면에서 굳어버렸습니다."

여기서 우리는 이런 식으로 청중을 겨냥한 논거를 펼칠 수 있다. "그 정도의 온도라면, 아니 80도가 되기도 전에 이미 바닷물은 부글부글 끓어 몽땅 증발했고, 증기가 된 채 공중에 떠

다닐 겁니다." 이 말에 분명 청중들은 웃을 것이다.

　우리의 주장을 물리치기 위해, 상대방은 다음과 같은 사실을 언급할 수도 있다. "비등점은 온도뿐만 아니라 기압에 의해 결정됩니다. 또한 바닷물의 절반가량이 수증기로 증발하게 되면, 자동으로 기압이 높아집니다. 그래서 200도 정도에서도 바닷물이 끓는 일은 일어나지 않습니다." 하지만 상대방은 이러한 사실을 언급하지 못한다. 왜냐하면 물리학을 전공하지 않은 사람들에게 학술 논문 같은 설명을 해야 하는 꼴이 되기 때문이다.

요령 28을 읽고 느낀 점을 적어보세요

질 것 같으면
다른 화제를 꺼내라

논쟁 상대방에게 질 것같이 느껴지면 방향을 전환해라. 이를테면 갑자기 완전히 다른 화제를 꺼내라. 마치 그것이 원래부터 논쟁에 속하는 사안이었고, 상대방의 주장에 대한 반증이라도 되는 것처럼 행동하라.

방향 전환을 위해 꺼낸 논제가 논쟁 진행중인 사안에 해당할 때는 이 요령이 무리 없이 만족스럽게 이루어질 것이다. 그러나 오직 논쟁 상대방에게만 해당하고, 논쟁 중인 사안과 전혀 별개일 경우에는 더욱 뻔뻔스럽게 방향 전환을 해야 한다.

예를 들어 나는 중국에는 세습 귀족이 없으며 오직 과거 시험의 결과에 따라서 관직을 분배한 점을 들어 중국을 칭송했다. 그러자 상대방은 높은 학식도 좋은 가문(상대방은 이 점을 어느 정도 중요하게 생각했다)과 마찬가지로 관직에 꼭 도움이 되는 것은 아니라고 주장했다.

이제 논쟁은 그에게 불리해지기 시작했다. 그러자 그는 곧장 화제의 방향 전환을 시도했다. 즉 중국에서는 모든 계층이 태형으로 처벌받는다고 말하면서 중국인들이 차를 지나치게 많이 마시는 점과 연관시켰다. 그러고는 이 두 가지를 싸잡아 중국인들을 비난했다.

상대방이 방향 전환을 위해 꺼낸 이 모든 주장에 즉시 호응할 경우 상대방의 꾐에 빠져 논쟁에서 벗어나 엉뚱한 곳으로 가게 된다. 그리되면 이미 다 잡아놓은 승리를 손에서 놓치는 격이 된다.

이와 같은 방향 전환을 위한 주장이 현재 논의 중인 사안을 완전히 벗어나면, 논쟁의 방향 전환이 매끄럽지 못하게 삐걱대고, 또 어느 정도 무산되고 만다. 이를테면 이런 식으로 말이다. "좋아요. 그런데 당신은 얼마 전에도 그런 주장을 했어요." 왜냐하면 논쟁의 방향 전환은 어느 정도 '인신공격성'을 갖고 있기 때문이다. 이에 대해서는 마지막 요령인 요령 38에서 언급할 것이지만, 좀 더 엄밀히 말하자면 논쟁의 방향 전환은 마지막 요령에서 언급할 인신공격과 논쟁 상대방과 연관된 논증 사이의 중간 단계라고 할 수 있다.

보통 사람들 사이에서 벌어지는 모든 언쟁을 보면, 평범한 사람조차 마치 타고난 것처럼 이 요령을 얼마나 잘 구사하는지 알 수 있다. 즉 한 사람이 상대방에게 인신공격을 가하면, 공격을 받은 상대방은 주장에 대한 반박이 아니라 공격자에게 또 다른 인신공격으로 응답한다. 그러나 이는 자신에게 행해진 상대방의 인신공격을 차단하지 않고 그대로 내버려둠으로써 마치 자신에 대한 인신공격은 시인하는 듯한 인상을 주게 된다.

이는 이탈리아가 아닌 아프리카에 있는 카르타고인들을 공격할 때 로마의 장군이자 정치가였던 스키피오가 사용했던 방

법과 같다. 전쟁에서는 이와 같은 방향 전환이 때로는 유익할
수 있다. 그러나 논쟁에서는 이 방법이 좋지 못하다. 왜냐하면
상대방으로부터 받은 비난을 서로 내버려둘 경우 청중이 양측
논쟁자에 관한 나쁜 점들을 모두 알게 되기 때문이다. 따라서
이러한 방향 전환은 좋은 방법이 없을 때, 즉 부득이할 때 사용
하는 것이 좋다.

요령 29를 읽고 느낀 점을 적어보세요

요령
30

권위를
이용하라

이는 경외심에 호소하는 논거다. 여러 가지 근거를 대는 대신에 상대방의 지식수준에 따라 적절한 권위를 이용하라.

"사람들은 누구나 판단하기보다는 그냥 믿으려는 경향이 강하다"라고 세네카(『행복한 삶에 관하여』)는 말했다. 그러므로 자기 자신에게 상대방이 존경할 만한 권위가 있으면 논쟁을 쉽게 승리로 이끌 수 있다. 상대방의 지식과 능력이 부족하거나 낮을수록 상대방에게 더 많은 권위를 제시하면 된다. 반면에 상대방의 지식과 능력이 아주 뛰어날 경우 그에게 제시할 수 있는 권위는 기껏해야 소수이거나 전혀 없게 된다.

어쩌면 지식과 능력이 아주 뛰어난 사람이라도 자신이 거의 혹은 전혀 알지 못하는 학문이나 예술 또는 수공업 방면의 전문가들이 말하는 권위 정도는 마지못해 인정할 것이다.

이에 반해서 평범한 사람들은 각 방면의 전문가들에 대한 깊은 존경심이 있기 마련이다. 이들은 전문적인 일을 하는 사람들이 일 자체를 사랑하지 않고, 단지 생업으로서만 일을 사랑한다는 사실을 알지 못한다. 또한 어떤 분야의 전문가라고 해서, 정말로 그 분야를 잘 안다는 건 아니다. 왜냐하면 정작 자신의 분야를 철저히 연구하는 전문가일수록 대개 평범한 사람들 앞에 나와 가르칠 시간이 없기 때문이다. 그러나 평범한 사람들은 이러한 사실을 알지 못한다. 그래서 일반대중한테는 소위 전문가로 여겨지는 이들은 그 자체로 권위가 있고 존경의 대상이 된다.

따라서 논쟁을 승리로 이끌 완벽한 권위를 갖고 있지 않다면, 자신이 가지고 있는 것 중 적절해 보이는 권위를 내세워라. 누군가가 다른 의미나 맥락에서 말했던 것이어도 된다.

상대방이 전혀 이해하지 못하는 분야에서 권위가 있을 때 대개 효과가 가장 좋다. 배움이 없는, 즉 무식한 사람들은 그리스어나 라틴어로 된 미사여구에 대해서도 일종의 존경심을 갖고 있게 마련이다. 따라서 필요하다면 권위를 왜곡하거나 날조할 수도 있고, 또는 심지어 완전히 머릿속에서 꾸며낼 수도 있다. 이는 대부분 상대방이 책을 손에 쥔 적이 없고 책을 어떻게 이용하는지도 모르는 상황에 적합하다.

이에 대한 가장 훌륭한 예로 프랑스의 퀴레가 있다. 퀴레는 다른 시민들과 달리 자기 집 앞 도로를 포장하는 것을 원치 않았다. 그때 그는 "저들이 아무리 흔들려도 나는 흔들리지 않으리라"라는 성서의 잠언을 인용했고[5], 이 말로 그 지역 관할 책임자의 마음을 움직였다.

보편적 편견도 권위처럼 사용할 수 있다. 왜냐하면 사람들 대부분은 아리스토텔레스가 『니코마코스 윤리학』에서 말한 것처럼 '다수가 옳다고 하면 실제로 옳은 것이다'라고 생각하기 때문이다. 정말로 어떠한 견해가 보편적으로 받아들여진다고 설득하면, 사람들은 아주 터무니없는 생각도 쉽게 자기 것으로 받아들인다. 이러한 예는 사람의 생각뿐만 아니라 행동에도 영향을 준다. 사람들은 그곳이 어디든 앞에서 이끄는 양을 따라가는 양떼와 같다. 그들에게는 스스로 생각하는 것보다 죽는 것이 차라리 더 쉽다.

　사람들 대부분이 어떤 의견의 보편성에 그토록 묵직한 무게를 두고, 아무런 편견 없이 그 의견을 받아들인다는 사실이 참으로 이상하다. 이들도 오로지 본보기가 지닌 힘 때문에 의견을 받아들인다는 사실을 스스로 알 수 있을 텐데 말이다. 그러나 대부분의 보통 사람은 자신만의 신념이 없기에 그런 사실을 보지 못한다.

　"많은 사람은 모두 나름대로 자신의 견해가 있다"라는 플라톤의 『국가론』 속 문장을 인용해 자신의 의견을 말할 수 있는 사람은 아주 소수에 불과하다. 평범한 사람들의 머릿속에는 수많은 허튼 생각이 들어 있기에 그와 같은 특성을 다루면 많은 것을 할 수 있다.

엄밀히 말해 어느 한 견해의 보편성이란 것은 그 의견의 정당성에 대한 개연성은커녕 정당성에 대한 증거도 될 수 없다. 따라서 견해의 보편성을 주장하려는 사람들은 다음 두 가지 사실을 염두에 두어야 한다.

첫째, 시간적 거리가 생기면, 즉 시간이 지나면 각 보편성 대한 증거 능력이 떨어진다는 사실이다. 그렇지 않다면 한때 보편적인 진리로 여겨졌던 옛날의 모든 오류를 다시 소환해야 할 것이다. 이를테면 프톨레마이오스의 천동설, 또는 모든 프로테스탄트 국가에서 가톨릭 교리를 재건하는 것같이 말이다.

둘째, 이는 공간적 거리가 있어도 마찬가지다.

이런 사실을 염두에 두지 않을 경우 불교와 기독교 그리고 이슬람교의 신봉자들이 각각 인정하는 의견의 보편성으로 인해 당황하게 될 것이다. (벤담, 『입법부의 책략』, 제네바-파리, 1816년, 제2권, 76쪽 참조).

우리가 보편적인 견해라고 부르는 것도 사실상 자세히 들여다 보면 두 사람 또는 세 사람의 견해에 불과하다. 보편적이라고 하는 견해의 생성 방식을 좀 더 잘 살펴본다면 이 같은 사실을 더욱 확신할 수 있다. 이처럼 맨 처음에 어떤 견해를 보편적이라고 수용하거나 내세우고 주장한 사람들이 겨우 두세 사람에 불과한데, 사람들은 이 두세 사람이 그 견해를 철저히 검증했으리라고 믿을 만큼 관대하다는 사실을 알 수 있다.

그런 까닭에 다른 사람들도 이들 두세 사람이 충분한 판단 능력이 있다는 편견 아래 이들이 말하는 보편적인 견해를 받아들인 것이다. 그렇게 되면 이어서 또 다른 사람들이 다시 이들을 믿게 된다. 많은 사람들은 대부분의 일을 귀찮아하고 성정이 게으르다보니 보편적이라고 하는 견해를 힘들게 검증하기보다는 차라리 그냥 믿고 싶어 한다. 이런 식으로 게으르고 쉽게 믿는 신봉자들의 수는 나날이 늘어나게 된다.

그러한 견해에 대해 동조하는 사람들이 이렇게나 상당하다는 것을 본 또 다른 사람들은, 그 견해가 분명 설득력 있는 근거가 있기에 눈앞의 결과를 만들었다고 여기게 된다. 이렇게 되면 이제 나머지 사람들도 보편적으로 여겨지는 그 견해를 인정할 수밖에 없게 된다. 왜냐하면 사람들은 대개 대다수가 인정하는 보편적인 견해를 아니라고 거부할 만큼 자신은 그렇게 생각이 없거나 모자란 사람이 아님을 주장하고 싶어 하고, 또는 세상 사람들보다 더 똑똑한 체하는 호기심 많은 애송이 취급 또한 받고 싶어 하지 않기 때문이다. 그렇다면 이제 남은 일은 보편적 의견에 동조하는 것뿐이다. 이는 사람들 사이에서 마치 의무와도 같게 된다. 결국 판단할 능력이 있는 소수의 사람은 침묵을 지킬 수밖에 없다.

물론 판단 능력이 있는 소수가 다수의 사람들에게 자신의 의견이나 판단 능력이라고는 전혀 없고, 남의 의견을 마치 메아리처럼 따라 할 뿐이라고 말은 할 수 있다. 하지만 이들도 결국은 침묵으로 일관해 더 열성적이고 더 편협한 방식으로 보편적이게 여겨지는 견해의 방어자 노릇을 한다. 왜냐하면 그들은 자신과 다르게 생각하는 사람들을 증오하기 때문이다. 자신이 직접 판단하겠다는 오만함을 지닌 것은 판단 능력을 가진 소수에 불과하고, 이 소수가 입을 다무는 것 역시 바로 그 오만함 때문이다. 그래서 그들은 결코 직접 실행하는 법이 없고, 다만 침묵하며 속으로만 알고 있을 뿐이다.

간단히 말해 생각이라는 걸 할 수 있는 사람은 극소수에 불과하다. 하지만 사람들은 모두 각자 나름대로 의견이 있을 수 있다. 따라서 대다수가 자신의 견해를 직접 만들지 않고, 그 대신 다른 사람에 의해 만들어진 견해를 받아들이는 것 이외에 달리 무엇을 할 수 있겠는가?

현실이 이러하다 보니 수억 명의 목소리가 무슨 소용이 있을까? 이를테면 수백 명의 역사가의 저술에서 나오는 한 가지 역사적 사실을 잘 살펴보더라도, 역사가들 모두 다른 사람이 쓴 것을 그대로 베꼈다는 것을 알 수 있다. 이처럼 계속해서 거슬러 올라가다 보면 모든 것은 결국 단 한 사람의 진술과 닿아 있다는 것을 깨닫게 된다(벨, 『혜성에 대한 여러 가지 생각』, 제1권, 10쪽).

"나도 그렇게 말하고, 너도 그렇게 말하고, 마침내 그 사람도 그렇게 말한다. 사람들이 그와 같은 말을 이토록 자주 했으니, 이제 남은 거라곤 말뿐이구나."

그런데도 일반 사람들과 논쟁할 때는 보편적인 견해를 권위로써 사용할 수 있다. 평범한 두 사람이 논쟁을 벌일 때 대부분 이들이 공통으로 선택하는 무기가 권위라는 사실을 알 수 있다. 이들은 자신들이 내세우는 권위를 무기 삼아 서로 치고받고 싸운다.

머리가 더 좋은 사람이 평범한 사람을 상대할 때도 이 무기를 사용하는 것이 가장 유익하다. 물론 이때 드러나는 상대방의 학식에 따라 무기를 제대로 선택할 수 있어야 한다. 왜냐하면 근거라는 무기에 대항하는 상대방이 때로는 사고도 판단도 할 줄 모르고 막무가내로 돌진하는 뿔 달린 지크프리트(게르만 민족의 영웅전설 가운데 가장 빛나는 영웅-옮긴이)일 수도 있기 때문이다.

본디 법정에서는 단지 권위로만 논쟁한다. 법정에서는 법률의 권위가 확고히 전제되어 있다. 또 법정에서는 판단력을 발휘해서 이미 벌어진 사건에 적용할 수 있는 법, 즉 권위를 찾아야 한다. 그러나 여기에도 토론술을 적용할 여지는 충분하다. 이를테면 소송중인 사건과 법률이 서로 맞지 않는 경우 필요에 따라 이것들을 비틀어서 서로 아귀가 맞는 것처럼 보이게 만들 수 있다. 물론 이 반대의 경우도 마찬가지다.

요령 30을 읽고 느낀 점을 적어보세요

당신이 무슨 말을 하는지
이해가 안 된다고 하라

상대방이 제시한 근거를 반박할 만한 것이 없을 때, 미묘한 반어법을 이용해 자신의 능력이 모자란다고 하라. 이런 식으로 말이다.

"당신이 말한 내용은 수준이 너무 높아 나의 형편없는 이해력으로는 감당할 수 없네요. 어쩌면 당신의 말이 맞는 것도 같습니다. 그러나 당신이 하는 말을 이해할 수가 없어서 도무지 무슨 판단을 내릴 수가 없군요."

이렇게 말함으로써 나름 우리를 존경하는 청중에게 상대방이 한 말은 모두 허튼소리라는 사실을 심어줄 수 있다.

예를 들어보자. 칸트의 『순수이성비판』이 막 출간되었을 때보다는 오히려 이 책이 센세이션을 일으키기 시작한 무렵, 고루한 절충주의 학파의 많은 철학 교수들이 바로 이같이 행동했었다. 즉 이들은 "우리는 당신이 무슨 소리를 하는지 이해하지 못하겠습니다"라고 말함으로써 칸트의 책을 물리친 것으로 간주해버렸다.

청중들이 보기에는 이 고루한 절충주의 학파의 철학 교수들이 하는 말이 정말로 맞는 듯 보였고, 실제로 고루한 교수들이 칸트의 이론을 이해하지 못했다는 사실을 알았을 때, 칸트 철학을 추종하는 신 학파의 몇몇 학자들은 기분이 매우 언짢아질 수밖에 없었다.

이 요령은 이를테면 교수 대 학생의 경우처럼 청중들이 보기에 자신이 상대방보다 훨씬 더 명망 높다는 확신이 있을 때만 사용해야 한다. 사실 이 요령은 바로 앞에서 언급한 요령 30에 속하며, 또한 근거를 제시하는 대신에 상당히 악의적인 방법으로 권위를 이용해 자신의 주장을 관철하는 상황에 해당한다.

이에 대한 반격은 다음과 같다. "외람된 말씀이지만, 당신의 탁월한 통찰력에 비추어보면 당신은 분명 제 말을 아주 쉽게 이해하셨을 것입니다. 혹여라도 그게 아니라면 설명을 제대로 못한 제 탓이 큽니다."

　　이로써 이제 상대방은 원하든 원치 않든 나의 설명을 이해해야 할 판국이 되었고, 실제로 직전까지는 이해하지 못했다는 사실도 분명해졌다. 이전과 달리 상황은 역전이 되고 만 것이다. 말하자면 예를 갖추어 상대방이 우리의 주장을 '허튼소리'로 매도하려 했지만, 우리도 예를 갖추어서 그의 주장에 반론을 제기해 도리어 그의 '무지'를 증명한 것이다.

요령 31을 읽고 느낀 점을 적어보세요

상대방의 주장을
증오의 범주로 몰아넣어라

우리와 대립하는 상대방의 어떤 주장이 증오심과 어떤 유사한 점이 있거나, 또는 아주 조금이라도 관계만 있으면, 이를 증오의 범주로 몰아넣어라. 그러면 상대방의 주장을 단숨에 제거하거나 적어도 의심스럽게 보이도록 만들 수 있다.

예를 들어 "그것은 마니교다(페르시아의 마니가 주장한 일종의 그노시스파의 구원론 - 옮긴이)" "그것은 아리우스교(고대 기독교의 일파로 그리스도의 신성을 부인함 - 옮긴이)다" "그것은 펠라기우스주의(5세기 초 영국의 수도사 펠라기우스가 주장한 것으로 원죄설을 부정하고 신의 도움 없이 인간은 선과 악을 선택할 수 있다고 여김 - 옮긴이)다" "그것은 관념론이다" "그것은 스피노자주의('신'이라는 실체에서 산출되는 것들은 모두 '하나'의 인과관계로 귀속되므로 세상은 '필연적'이며, 그 세상 속에서 만물은 자신을 유지하려 한다고 주장함 - 옮긴이)" "그것은 범신론이다" "그것은 브라운주의(영국의 청교도 로버트 브라운이 제창

한 것으로 영국 국교회에서 속하지 않는 종교개혁 교회파 – 옮긴이)다""그
것은 자연주의다""그것은 무신론이다""그것은 합리주의다"
"그것은 유심론이다""그것은 신비주의다" 등등 이런 범주로
몰아넣어라.

이때 우리는 두 가지를 가정해볼 수 있다.

첫째, 상대방의 주장이 실제로 이러한 범주에 들어 있는 것
과 똑같거나, 또는 적어도 비슷한 뭔가가 있을 경우다. 그럴 땐
이렇게 외쳐라. "오, 그런 줄 진즉에 알았어요."

둘째, 이러한 범주가 이미 부정당한 경우다. 따라서 이러한
범주에 속하는 주장에는 그 어떤 참된 말도 들어 있을 수 없게
된다.

요령 32를 읽고 느낀 점을 적어보세요

이론상으로는 옳지만
실제로는 거짓이다

"그것은 이론상으로는 옳습니다. 그러나 실제에 있어서는 거 짓입니다." 이와 같은 궤변으로 상대방이 주장하는 논제의 근 거는 인정하면서 그 결론은 부정할 수 있다.

이는 "참인 근거를 바탕으로 끌어낸 결론은 당연히 참이다" 라는 규칙과 어긋난다. 따라서 앞에서 말한 주장은 사실상 불 가능하다. 왜냐하면 이론상으로 옳은 것은 실제에서도 옳아야 하기 때문이다. 하지만 이런 원리가 들어맞지 않는다면, 즉 참 인 이론을 바탕으로 했지만 실제에서는 거짓이라면, 이는 분명 이론에 오류가 있든지, 아니면 무언가를 간과했거나 고려하지 않은 것이다. 따라서 이 말은 이론상으로도 잘못되었다는 말이 된다.

요령 33을 읽고 느낀 점을 적어보세요

상대가 내 반박을 회피하면
무조건 몰아붙여라

이유는 모르지만, 상대방이 우리의 질문이나 반박에 대해 직접적인 대답이나 정보를 주지 않고 오히려 우리의 질문과 반대되는 질문이나 간접적인 답변, 심지어 사안과 전혀 관계가 없는 말로 논쟁을 회피하고 다른 쪽으로 방향을 틀거나 논쟁에서 빠져나가려고 하면, 이것은 (때로는 우리도 미처 알지 못하는 사이) 우리가 그 사람의 미심쩍은 부분을 건드렸다는 확실한 신호다.

즉 이것은 상대방 측이 할 수 있는 반박이나 마땅한 답변이 없다는 일종의 침묵이나 다름없다. 그러므로 우리가 건드린 부분을 계속해서 몰아붙이면서 상대방이 그 약점에서 벗어나지 못하게 해야 한다.

이는 우리가 건드린 상대방의 약점이 무엇인지 아직 파악하지 못했을 때도 마찬가지다.

요령 34를 읽고 느낀 점을 적어보세요

지성이 아닌 동기로
상대방의 의지에 호소하라

이 요령 35를 실제로 잘 사용할 수 있으면 사실 다른 요령들은 필요 없다. 즉 논거로 상대방의 지성에 호소하는 대신 동기로 그의 의지에 호소하라. 그러면 상대방뿐만 아니라 상대방과 이해를 같이하는 청중들도 즉시 우리의 견해를 따르게 될 것이다.

설령 우리의 견해가 정말로 어처구니없어도 청중에게는 상관없게 된다. 왜냐하면 논쟁에서는 아주 적은 1로트(약 16g에 해당하는 반 온스 중량의 단위로 주로 커피 단위에 대해 사용함-옮긴이)의 의지가 100파운드의 인식이나 확신보다 더 무겁게, 즉 중요하게 느껴지기 때문이다.

물론 이것은 특별한 상황에서만 가능하다. 이를테면 우리의 견해가 참으로 증명되어 그로 인해 상대방이 막대한 손해를 볼 거라는 사실을 상대방이 느낄 수 있도록 하면, 상대방은 경솔하게 움켜쥐었던 뜨거운 쇳덩어리를 놓아버리듯이 그의 주장을 재빨리 철회할 것이다.

예를 들어 한 성직자가 철학적 도그마를 옹호할 경우 그것이 그가 믿는 교회의 근본 교리와 간접적으로 어긋난다는 점을 그에게 보여주어라. 그러면 그는 그 철학적 도그마를 금방 철회할 것이다.

또는 땅을 많이 소유한 어느 한 영주가 영국에서는 증기기관 한 대가 수많은 사람이 해야 할 일을 해낸다면서 영국의 기계 체제의 우수성을 옹호했다고 하자. 이럴 땐 다음과 같은 말로 그를 이해시켜라. 머지않아 마차들도 증기기관으로 대체될 것이고, 그러면 그가 굉장히 많이 소유하고 있는 사육장 말들의 가격도 폭락하고 말 것이라고 말이다. 그렇게 이야기한 다음, 그의 반응을 보라.

이럴 때 모든 사람이 느끼는 감정은 대체로 다음과 같다. "우리 스스로가 우리의 이해에 반하는 법칙을 만들다니! 이 얼마나 경솔한 일인가!"

　이는 청중이 우리와 같은 종파나 길드, 같은 기업이나 클럽 등에 속하고, 상대방은 그렇지 않을 때도 마찬가지다. 상대방이 내세우는 논제가 지금은 정당해 보여도 그의 그러한 견해가 앞서 언급한 길드에서 공통으로 갖는 이해에 반한다는 사실을 우리가 암시하기만 하면, 청중들은 모두 상대방의 논거가 아무리 훌륭하다 하더라도 상대방의 논거를 취약하고 조잡하게 생각할 것이다. 반면에 우리의 논거가 아무리 날조된 것일지라도 청중들은 우리가 주장하는 논거가 옳고 정확하다고 여길 것이다. 심지어 우리의 의견에 동조하는 청중들의 함성이 커질 것이다. 그러면 상대방은 창피함을 느끼며 토론장을 떠날 수밖에 없게 된다.

이때 청중들은 대부분 순수하게 자력으로 확신했기에 우리의 견해에 동조했다고 생각할 것이다. 왜냐하면 자신에게 불리한 것은 이성의 눈을 통해서도 대부분 부조리하게 보이기 때문이다. 이성은 기름 없이 탈 수 있는 빛이 아니다. 오히려 이성은 열정을 먹고 자란다. 따라서 우리는 이 요령을 "나무를 뿌리째 뽑는다"라고 표현할 수 있을 것이다. 보통은 이를 '유용성을 통한 논증'이라고 부르기도 한다.

요령 35를 읽고 느낀 점을 적어보세요

의미 없는 말들을 퍼부어
얼이 빠지게 만들어라

의미 없는 말들을 폭포처럼 퍼부어 상대방을 혼란스럽고 얼이 빠지게 만들어라.

이 요령은 '보통 인간들은 아무 말이나 들어도 그 속에 무언가 생각할 게 있다고 믿어요'라는 사실을 근거로 한다.

상대방이 은연중에 자신의 약점을 알아차렸고, 또는 이해하지 못하는 것들을 듣고도 마치 그것을 알아들은 척하는 데 익숙한 사람일 경우, 보고 듣고 생각하는 그의 능력이 싹 사라지도록, 아주 진지한 표정으로 매우 학식 있거나 의미심장하게 들리는 허튼소리를 떠벌려라. 그리고 마치 그것이 우리의 견해가 옳다는 걸 확실히 증명해줄 증거인 양 말하면 된다.

최근에 몇몇 철학자들이 독일의 모든 청중을 대상으로 이 요령을 아주 성공적으로 사용했음은 널리 알려진 사실이다. 그러나 이것은 몹시 나쁜 사례이기 때문에 우리는 골드스미스(Oliver

Goldsmith)의 소설 『웨이크필드의 목사』의 제7장에서 비교적 꽤 오래된 예를 인용하려 한다.

"맞습니다. 프랭크!" 영주가 말했다.

"그러한 술책이 기만도 아니고 속임수도 아니라면, 대체 뭐란 말이오? 내가 그것을 증명할 수 있습니다."

"그럴 수 있기를 바랍니다." 나의 아들 모세가 말했다. "제 생각에는요." 그가 말을 계속했다. "어쩌면 제가 당신과 그 문제를 놓고 논의할 수 있을 것 같습니다."

"좋아요." 영주가 말했다. "사안에 대해 냉정한 토론을 하기로 찬성하신다면, 저는 당신의 요구를 받아들일 만반의 준비가 되었습니다. 그런데 먼저 이와 유사한 논의나 대화체의 논의에 찬성하십니까?"

"저는 이성적 논의에 찬성합니다"라고 모세가 말했다. 그는 논쟁할 가능성이 열리자 매우 기뻤다.

"그렇다면 좋습니다"라고 영주가 말했다. "바라건대 나는 당신이 그것이 무엇이든지 간에 벌어진 일 모두를 부정하지 않기를 바랍니다. 왜냐하면 시인해 마땅한 사안에도 당신이 시인하지 않는다면 저는 논의를 계속할 수 없기 때문입니다."

"알겠습니다." 모세가 대답했다. "당신의 주장이 맞으면 시인할 수 있을 것입니다. 왜냐하면 저는 그렇게 함으로써 큰 이점을 끌어낼 수 있으니까요."

"저도 역시 바라는 바입니다." 다른 사람이 대답했다.

"자, 시작해볼까요. 먼저 부분이라고 하는 것은 전체보다 작다는 사실을 인정하실 겁니다. 그렇지요?"

"예, 그렇죠. 인정합니다." 모세가 말했다. "이는 옳은 말이고 또 이성적입니다."

"저도 그렇게 생각합니다." 영주가 말했다. "삼각형의 세 각은 두 직각과 같다는 사실을 부정하지 않으시겠죠. 그렇지요?"

"당연하죠. 부정하지 않습니다." 상대방이 대꾸했다. 그러고는 습관적으로 과장된 표정을 띤 채 주변을 둘러보았다.

"좋습니다." 영주가 재빨리 뒤이어 말했다. "이렇게 전제를 정했으니 이제는 살아 있는 존재에 자신을 직접 관련지으면, 이 둘에는 상호 간 이중적인 관계가 진척되고, 자연적으로 문제가 될 만한 대화가 만들어진다는 발언으로 넘어가죠. 영적인 것의 핵심은 예언할 수 없는 점이라는 발언 말입니다. 사실 이는 어느 정도 증명된 바 있습니다."

"잠깐, 잠깐만요" 모세가 말했다. "저는 그 말을 부정합니다. 제가 그렇게 이단적인 학설을 따를 것이라고 여기십니까?"

"뭐라고요?" 영주는 깜짝 놀란 듯 당황했다. "따르지 않는다고요? 그렇다면 이 한 가지 명백한 질문에만 대답해주십시오. 상대화란 관계에서 생긴다고 말한 아리스토텔레스가 옳다고 여기십니까?

"예. 의심할 바 없이 그렇죠." 상대가 대답했다.

"그렇다면 말입니다." 영주가 말했다. "제 질문에 정확히 대답해주십시오. 제가 쓴 생략 삼단논법의 첫 부분에 나오는 분석적 조사의 정당성이 불충분하다고 여기십니까? 그렇게 여기는 당신의 근거가 무엇인지 설명해주십시오. 바로 이 자리에서 말입니다."

"거절하겠습니다." 모세가 말했다. "당신의 설명이 무엇을 증명하고자 하는지 정말 이해를 못 하겠습니다. 그러나 그러한 설명이 유일하고 단순한 주장에 근거했다면 이미 그것으로 대답을 찾았으리라 저는 생각합니다."

"오, 맙소사" 영주가 말했다. "당신은 제가 논거로, 거기다 이성으로 당신을 이해하기를 원하시는군요. 오, 아닙니다. 이 부분에서는 제가 이의를 제기해야겠습니다. 당신이 하는 말이 저한테는 너무 어렵습니다."

　영주는 불쌍한 모세를 보고 크게 웃음이 터졌다. 많은 무리
가 웃었다. 그러나 이들 가운데 오직 모세만 웃지 못했다. 결국
그는 대화를 나누는 내내 단 한마디도 하지 않았다.

요령 36을 읽고 느낀 점을 적어보세요

상대가 스스로 제시한
불리한 증거를 공격하라

이것은 중요한 요령 중의 하나다.

사안에 대한 정당성이 상대방에게 있으나 다행히도 상대방이 이에 대한 나쁜 증거를 선택하는 경우 우리는 이 증거를 쉽게 반박할 수 있다. 그리고 나서 그것을 마치 사안 자체를 반박해버린 것처럼 행동하면 된다.

근본적으로 이것은 논쟁 상대와 관련한 논거를 마치 논쟁 화제와 관련한 논거인 것처럼 만드는 것이나 다름없다. 이때 상대방이나 그 주변의 사람들에게 올바른 증거가 떠오르지 않는 한 우리가 승리를 거두게 된다.

예를 들어 어떤 사람이 신의 존재를 증명하기 위해 너무나 쉽게 반박할 수 있는 존재론적 증거를 제시하는 경우 이는 형편없는 변호사들이 피고에게 유리한 소송임에도 패배하는 경우와 같다. 말하자면 이들은 소송중인 사안에 적절한 법이 머리에 떠오르지 않기 때문에, 사안에 맞지 않는 법으로 피고를 변호하려는 것이다.

요령 37을 읽고 느낀 점을 적어보세요

상대방이 너무 뛰어나면
인신공격을 하라

마지막 요령이다!

　상대방이 자신보다 월등히 뛰어나 이길 수 없을 것 같으면 상대방을 인신공격하고 모독하며, 무례하게 굴어야 한다. (이미 논쟁에서 패배했기에) 인신공격은 논쟁의 사안이 아니라 논쟁의 상대, 즉 다시 말해서 상대방 자체를 어떠한 방법으로든 공격하는 것을 의미한다. 이것은 대인논증과 구별해 인신공격이라고 부를 수 있을 것이다.

　논쟁 상대와 관련한 논증중에 논쟁자가 객관적인 논쟁 사안에서 벗어나게 되는 이유는 상대방이 객관적인 논쟁 사안에 대해서 말하거나 시인한 내용을 대상으로 삼아 논쟁을 자신에게 유리한 편으로 유지하기 위해서다. 반면에 인신공격은 논쟁자가 논쟁의 소재를 완전히 떠나 오로지 논쟁 상대방 인물 자체를 공격하기 위함이다. 즉 인신공격이란 논쟁 상대방의 마음에 상처를 입히고, 악의적인 말을 하고, 상대를 모욕하고 거칠게 대하는 것을 말한다.

이것은 정신의 힘이 아닌 육체의 힘, 혹은 야수성에 대한 호소다. 누구나 이 규칙을 실행에 옮길 수 있어서 사람들은 인신공격을 매우 애용한다. 실제로도 해당 요령은 아주 자주 사용된다.

여기서 문제는 논쟁의 상대방이 어떤 식으로 대응하느냐다. 상대방 역시 똑같은 식으로 맞서면, 논쟁은 싸움질이나 결투 또는 명예훼손에 대한 소송 따위로 변질될 것이다.

상대방의 인신공격에도 자신은 충분히 이지적으로 맞설 수 있다고 여긴다면 이는 아마 오산일 것이다.

대개 논쟁에서 승리하는 경우들을 살펴보면, 상대방이 부당한 주장을 하고, 즉 상대방이 잘못된 방향으로 판단하고 생각하고 있는데도, 이러한 상대방을 보며 흥분하지 않고 침착한 태도를 보이는 경우가 많다. 오히려 이러한 침착한 태도가 상대를 거칠게 모욕적으로 비난하는 것보다 더 상대방을 격분시킬 수 있다. 왜 그럴까?

그 이유를 홉스는 『시민론』의 제1장에서 이렇게 밝힌다. "큰 기쁨과 기분 좋은 유쾌함의 원천은 모두 사람들이 자기 자신을 그 실체보다 더욱 높게 생각한다는 데서 비롯한다." 인간에게 있어서 허영심을 만족시키는 것보다 더한 것은 없다. 또 허영심에 상처를 입었을 때보다 더 쓰라린 상처도 없다(바로 여기서 "명예가 생명보다 중요하다"라는 것과 같은 어법이 나온 것이다).

이러한 허영심의 만족은 주로 어떤 면에서건 자신과 다른 사람들을 비교하는 데서 이루어진다. 대개는 정신력, 즉 이성의 힘과 관련해 자신과 다른 사람을 비교한다.

이러한 허영심은 특히 논쟁할 때 효과적이고 매우 강력한 힘을 발휘한다. 그래서 논쟁에서 진 사람은 결코 부당함을 당하지 않으려고 격분해 여기서 최후의 수단으로 제시하는 마지막 요령, 즉 인신공격을 움켜쥐는 것이다. 논쟁에서 진 사람의 관점에서 보면 마냥 예의 바르게 대항해서는 부당하고 분노가 치미는 상황을 벗어날 수 없을 것만 같기 때문이다.

　그러나 이때는 오히려 얼음처럼 차가운 냉정함이 많은 도움이 될 수 있다. 만일 상대방이 인신공격을 하면, 그것은 사안과 상관없는 것이라고 침착하게 대답하고 재빨리 논쟁의 사안으로 되돌아가라. 그런 후 상대방의 모욕을 무시해버리고 계속해서 상대방이 내세우는 주장의 부당함을 증명하라. 이는 테미스토클레스가 유리비아데스에게 했던 표현과 흡사하다. "나를 때리시오. 하지만 내 말 좀 들어보시오!" 그러나 누구나 이렇게 할 수 있는 것은 아니다.

아리스토텔레스는 그의 『토피카』의 마지막 장에서 상대방이 모욕할 때 대응할 수 있는 유일하고 확실한 방법을 다음과 같이 언급했다.

"아무나와 논쟁하지 마라. 자신이 알고 있는 것이 정확하고, 결코 불합리한 것을 내세우지 않으며 불합리함을 부끄럽게 여길 줄 알 만큼 충분히 분별력 있는 사람과만 논쟁하라. 권위자의 절대적인 명령을 내세우지 않고 근거로 논쟁하고, 또 우리가 내세우는 근거에 귀를 기울이고 동의할 수 있을 만큼 분별력을 지닌 사람과 논쟁하라. 끝으로 진리를 높이 평가할 줄 아는 사람, 논쟁 상대방의 입에서 나왔더라도 정당한 근거라면 기꺼이 귀를 기울일 줄 아는 사람, 또 진실이 상대방 측에 있으면 자기 의견의 부당함을 인정할 줄 아는 사람과 논쟁하라."

이렇게 놓고 보면 100명 중 논쟁을 할 만한 가치가 있는 사람은 겨우 한 명이나 있을까 말까 하다는 결론이 나온다.

이에 해당하지 않는 그 밖의 사람들을 대하거든 그들이 말하고 싶은 대로 말하도록 내버려두어라. 왜냐하면 "무지한 것은 인간의 권리"이기 때문이다. 또 "평화가 진리보다 훨씬 더 소중하다"라는 볼테르의 말을 기억하라. 아랍의 금언에는 "침묵의 나무에는 평화의 열매가 열린다"라는 말도 있다.

　물론 논쟁은 각 개인의 머리, 즉 생각들이 충돌하는 것으로 서로에게 유익한 경우가 많다. 즉 우리는 논쟁을 통해 제 생각을 바로잡기도 하고, 또 새로운 견해를 만들어내기도 한다. 그러려면 두 논쟁 당사자의 학식이나 이성의 능력이 상당히 엇비슷해야 한다. 두 사람 중 한 사람에게 학식이 없으면, 그는 논쟁을 다 이해하지 못해 대화의 수준을 맞추지 못할 것이다. 혹은 이성의 능력, 즉 지력이 없으면 논쟁으로 생긴 분노가 자칫 그를 부정직한 방법과 속임수를 쓰게 하거나, 또는 야만적인 행동을 하도록 만들 우려가 있다.

요령 38을 읽고 느낀 점을 적어보세요

_____

_____

_____

_____

_____

_____

_____

_____

Arthur Schopenhauer

자료 1

논쟁적 토론술이란 무엇인가?

1

이미 고대에서부터 논리학과 토론술⁶은 동의어로 사용되었다. 물론 λογιζεσθαι, 즉 '곰곰이 생각하다, 숙고하다, 계산하다'와 διαλεγεσθαι, 즉 '담판 짓다'는 원래 아주 다른 말이다.

'토론술'이라는 명칭을 처음으로 사용한 사람은 (디오게네스 라에르티우스에 따르면) 플라톤이었다. 그리고 우리는 플라톤이 『파이드로스』 『궤변론』 『공화국』 제7권 등에서 토론술을 이성의 규칙적인 사용과 그것에 능숙해지려는 연습 행위와 같은 의미로 쓰고 있음을 알 수 있다. 아리스토텔레스는 διαλεκτικα (Dialektika)를 토론술과 같은 의미에서 사용했다. 그러나 (라우렌티우스 발라에 의하면) 그는 먼저 λογικη(Logik)을 토론술의 뜻으로 사용했다고 한다. 아리스토텔레스의 저서에서 논리적 어려움, 즉 궤변, 그리고 논리적 전제들, 논리적 해결 불가능성 등의 표현을 볼 수 있었는데 이런 사실에 비추어볼 때 변증법이라는 말이 논리학보다 오래되었다고 할 수 있겠다.

키케로와 퀸틸리아누스는 이와 같은 보편적인 의미로서 토론술과 논리학을 사용했다. 키케로는 『루쿨로』에서 이렇게 말하고 있다. "토론술은 참과 거짓 사이에서 결정자 역할을 하는 것으로 만들어졌다." "즉 스토아학파의 철학자들은 그들이 토론술이라고 부르는 학문을 빌려 판단의 방법론을 면밀하게 추구한다"(키케로, 『토피카』, 제2장).

퀸틸리아누스는 이렇게 말한다. "그러므로 토론술은 우리가 오히려 논쟁술이라고 부르고 싶은 판단 요령이 되는 것이다." 후자인 퀸틸리아누스는 '논쟁술'을 διαλεκτικη의 라틴어로 본 것 같다(이상은 페트리 라미, 『토론술』, 1569에서 참조함).

'논리학'과 '토론술'이라는 말은 중세와 근대를 거쳐 오늘날까지도 계속해서 동의어로 사용되고 있다. 하지만 근대에 들어 사람들은, 특히 칸트는 '토론술'이라는 말을 '궤변론적 논쟁술'이라는 나쁜 의미로 자주 사용했다. 그래서 이보다 더 순수한 표현으로 '논리학'이라는 말이 애용되어왔다. 그러나 두 가지는 원래부터 그 자체로 동일한 것을 의미하며, 최근에는 이 두 가지를 다시 동의어로 간주하고 있다.

2

　‘토론술’과 ‘논리학’이라는 말이 고대부터 동의어로 사용되었기에 두 낱말의 의미를 내 마음대로 구분할 수 없다는 점이 유감스럽다. 내 맘대로 구분한다면 ‘논리학’[이는 그리스어의 ‘숙고하다, 계산하다’인 ‘말과 이성’(이 둘은 서로 분리할 수 없다)에서 왔다]은 ‘사고의 법칙, 즉 이성의 행동 방식에 관한 학문’으로, 그리고 ‘토론술’(이는 그리스어의 ‘대화하다’라는 말에서 왔다. 모든 대화는 사실이나 의견을 전달한다. 즉 대화는 사실적이거나 혹은 숙고해야만 한다)은 ‘논쟁하는 기술’(이는 현대적 의미로 쓴 것이다)로 정의하고 싶다.

　이렇게 놓고 볼 때 ‘논리학’에는 순수하게 선험적인, 즉 경험의 개입 없이 규정할 수 있는 대상, 사고의 법칙, 이성의 방식이 있다. 따라서 자신의 판단에 맡기고, 방해받지 않고, 즉 어떤 것에도 현혹되지 않는 하나의 이성적인 존재가 고독하게 사고를 할 때는 논리학의 방식을 따른다.

　반면에 ‘토론술’은 두 이성적인 존재의 관계에 대해 다룬다고 할 수 있다. 말하자면 같은 대상을 놓고 함께 사고하는 과정에서 두 사람의 의견이 똑같이 가는 두 개의 시계처럼 일치하지 않는다면 두 사람 간에 논쟁이, 즉 정신적 싸움이 벌어진다. 만일 인간이 순수한 이성적 존재라면 두 개인의 의견은 일치했을 것이다. 다시 말해 이들의 의견의 차이는 모든 인격의 본질인 상이성에서 기인하는 것이다. 즉 이러한 의견의 차이는 경험적 요소라고 할 수 있다.

그러므로 사고, 즉 순수한 이성적 방법에 관한 학문인 논리학은 순전히 선험적인 것이라고 할 수 있다. 반면에 토론술은 대부분 경험적이다. 그러므로 토론술은 두 이성적인 존재가 하나의 문제를 놓고 함께 생각할 때, 개별적인 인격의 차이로 인해 순수한 사고가 겪는 장애들과, 각자 개인적인 사고를 순수하고 객관적인 것으로 만들기 위해 서로가 상대방에게 사용하는 수단들에 대한 경험적 인식을 바탕으로 한다.

한 가지 문제에 대해서 함께 사고할 때, 즉 자신들의 의견을 전달할 때 (역사에 관한 대화는 제외하고) A가 같은 대상에 대한 B의 생각이 자신과 다르다는 것을 알아내는 순간, A는 잘못이 어디에 있는지 찾아내기 위해 자신의 견해를 먼저 수정하기보다 그 잘못이 상대방의 사고에 있다고 전제한다. 왜냐하면 이것이 인간의 본성이기 때문이다. 다시 말해서 인간은 항상 자신의 견해가 옳다고 주장하는 속성을 천성적으로 타고났다. 그리고 이러한 인간의 속성에서 오는 결과가 무엇인지에 대해서는 내가 토론술이라고 부르는 방법론에서 알려주었다. 그럼에도 혹시 모를 오해를 방지하기 위해 나는 이 방법론을 '논쟁적 토론술'이라고 부르고자 한다. 따라서 이는 태생적으로 자기가 옳다고 주장하는 인간의 태도에 대한 학설이라고 할 수 있다.

자료 2

정당성의 확보를 위한
방법으로서의 토론술

1

논쟁적 토론술(Eristische Dialektik)[7]은 논쟁할 때 사용하는 기술로써, 그 목표는 정당한 방법이든 부당한 방법이든 수단과 방법을 가리지 않고 '자신이 옳다'고 주장하는 데 있다.[8]

그러므로 우리가 사안 자체에 대해 객관적인 정당성을 지니고 있음에도 주변 사람들의 눈에는, 심지어 때로는 자신의 눈에도 부당하게 보일 수도 있다. 이를테면 상대방이 나의 증거를 반박하고 ─ 나의 주장을 뒷받침할 수 있는 다른 증거들이 있을 수 있음에도 불구하고 ─ 나의 주장 자체를 무력화시키는 듯 보일 때는 당연히 상황은 상대방에게 유리해진다. 즉 상대방은 객관적인 부당성에도 불구하고 정당성을 획득하게 된다.

이렇듯 한 명제의 객관적인 진실, 그리고 논쟁자와 청중들의 승인을 받은 해당 명제의 타당성, 이 두 가지는 서로 별개다(토론술은 후자를 지향한다).

이러한 현상은 왜 일어날까? 그것은 '인간이란 존재가 선천적으로 사악하다'라는 점에서 비롯된다. 만약 인간의 본성이 사악하지 않고 근본적으로 정직하다면, 우리는 어떤 토론에서건 오로지 진실만을 밝히려 할 것이다. 그리고 토론에서 밝혀진 '진실'이라는 결론이 자신이 처음에 내세운 주장이나 상대방의 주장, 즉 그 어느 쪽의 주장과 부합하든 전혀 개의치 않을 것이다. 말하자면 애초에 '누구의 주장이 옳은 것이냐'라는 문제는 아무래도 상관없거나, 적어도 매우 부차적인 일에 불과할 것이다.

그러나 지금은 이것이 가장 중요한 문제다. 특히 인간은 태생적으로 이성의 힘(지력)과 관련될 때 매우 민감해진다. 이 같은 인간의 타고난 허영심으로 인해 우리 인간은 자신이 먼저 제시한 주장이 거짓이고, 상대방의 주장이 옳다고 결론이 나는 걸 원치 않는다. 따라서 우리는 무엇보다도 오로지 자신의 주장이 옳다고 판단되도록 노력할 수밖에 없다. 그러기 위해서는 말하기에 앞서 먼저 생각해야 한다.

그런데 대부분의 사람들은 허영심을 타고난 데다 수다스럽고, 태생적으로 정직하지도 못하다. 이런 까닭에 대개는 생각도 하기 전에 말부터 해버린다. 나중에야 자신들의 주장이 틀렸고 부당하다는 것을 깨닫더라도, 마치 정반대인 것처럼 굴기 마련이다. 그래서 이른바 참된 명제, 즉 '자신의 주장이 옳다'고 내세울 때 유일한 동기였던 진실에 관한 관심은 오간 데 없어지고, 종래에는 완전히 허영심에 관한 관심만 남게 된다. 말하자면 상대방이 말하는 진실은 거짓으로 보여야 하고, 자신이 말한 거짓된 주장은 진실인 것으로 보여야 한다.

우리가 이처럼 솔직하지 못하고 우리 자신의 눈에도 이미 거짓으로 보이는 주장을 여전히 고수하는 데는 나름대로 이해할 만한 이유가 있다. 처음 논쟁을 시작할 때 진실이라고 내세웠던 우리의 주장이 이후 상대방의 반박으로 무너지는 것처럼 보여서 그 문제를 곧바로 포기해버렸는데, 나중에 우리의 주장이 옳다고 밝혀지는 사례가 종종 있어왔기 때문이다. 또는 우리가 내세운 증거는 틀렸지만, 틀린 증거가 오히려 우리의 주장이 옳다고 정당성을 부여할 수도 있기 때문이다. 다만 지금 이 위기에서 벗어날 마땅한 반박이 당장 떠오르지 않을 뿐이다.

따라서 우리는 상대방의 반론이 지금 당장 옳고 설득력 있게 보여도, 논쟁을 계속 이어가다 보면 상대방의 반론을 무너뜨릴 논리나, 우리의 주장이 옳다는 것을 증명해줄 논리를 찾을 수 있다는 믿음이 생긴다. 그 믿음을 바탕으로 위기의 상황에도 포기하지 말고 대항해 싸워야 한다는 원칙 또한 자연스럽게 싹

트게 된다. 이런 이유로 논쟁할 때 우리는 어쩔 수 없이 부정직해지거나, 적어도 그런 쪽으로 치우치기 마련이다.

이런 식으로 이 두 가지, '우리의 이성이 지닌 약점'과 '의지의 부조리'는 상호 간에 도움을 주고받는다. 그리하여 논쟁하는 사람은 이미 말한 바와 같이 대개 진실이 아니라 자신이 주장한 명제를 위해 - 말하자면 집과 아궁이를 위해 - 정당한 방법이든 부당한 방법이든 수단과 방법을 가리지 않고 싸울 수밖에 없다는 결론에 도달한다. 따라서 사람들 대부분은 누구나 자신의 주장이 어느 순간 거짓이거나 미심쩍게 보여도 자신의 주장을 관철하고자 하는 것이다.[9]

사람들이 이렇게 할 수 있는 데는 각자 자신만의 교활함과 비열함이 어느 정도 있기 때문이며, 또한 논쟁할 때마다 매번 겪는 경험으로 이러한 사실을 배우게 된다. 그 결과 사람들은 자신만의 타고난 논리학을 지니는 것처럼 자신만의 태생적인 토론술을 갖게 된다.

그러나 후자인 태생적 토론술은 전자인 태생적 논리학에 비해 안전하다는 믿음이 그리 오래가지 않는다. 논리학과 관련해서는 논리적 법칙에 어긋난 생각을 하거나 쉽게 결론을 내리는 사람이 없기 때문이다. 그래서 그릇된 판단은 빈번하지만 그릇된 결론은 매우 드문 것이다. 말하자면 사람들은 타고난 논리의 부족한 점은 쉽게 알아차릴 수 없으나 타고난 토론술의 부족한 점은 단박에 알아챌 수 있다. 왜냐하면 토론술은 사람마다 타고난 재능의 정도가 다르기 때문이다(마찬가지로 판단력도 마찬가지로 사람마다 타고난 정도가 매우 다르다. 하지만 이성은 본디 사람마다 타고난 정도가 같다). 그래서 자신의 주장이 분명히 옳은데도, 겉으로만 그럴듯해 보이는 상대방의 반박 때문에 자신의 주장이 혼란에 빠지는 일이 발생하기도 한다.

또한 정반대의 일도 빈번하게 일어난다. 논쟁에서 이긴 사람도 사실은 명제를 내세울 때의 올바른 판단력 때문에 승리했다기보다는 오히려 명제를 방어할 때 보였던 그의 교활함과 민첩성 덕분인 경우가 허다하다. 이러한 재능에 해당하는 교활함과 민첩성은 타고나는 것이 가장 좋다.[10] 하지만 상대방을 제압할 때 사용하는 어법들, 또는 상대방이 우리를 제압하기 위해 자주 사용하는 어법들을 고찰하고 연마하면 우리도 이러한 기술을 능수능란하게 다룰 줄 아는 마이스터, 즉 장인이 될 수 있다.

2

논리학에는 사실상 실질적인 효용성이 없을 수 있지만 토론술에는 유용할 수 있다. 내가 보기에 아리스토텔레스 역시 자기 자신의 논리학(분석론)을 전적으로 토론술을 위한 토대 및 준비 단계로 보았고, 그의 주요 관심사는 원래 토론술이었던 것 같다.

논리학은 본래 명제들의 단순한 형태들을 다루고, 토론술은 이 명제들의 본질이나 재료, 즉 내용을 다룬다. 그런 까닭에 아리스토텔레스도 '특별한 것으로서의 내용'에 앞서 '보편적인 것으로서의 형식'에 대해 먼저 고찰했던 것 같다.

하지만 나와 달리 아리스토텔레스는 토론술의 목적을 뚜렷하게 규정하지 않았다. 말하자면 그는 토론술의 주목적이 논쟁이라고 언급함과 동시에 진리의 발견 역시도 토론술의 주목적이라고 말했다(『토피카』, 제1권, 2장). 게다가 또 나중에는 이런 말을 하기도 했다. "사람들은 진리를 찾기 위해 명제들을 철학적으로 다룬다. 반면 외양이나 동의, 다른 사람의 의견을 얻기 위해서는 명제를 토론술적으로 다룬다"(『토피카』, 제1권, 12장).

이렇듯 아리스토텔레스는 한 명제의 객관적 진리를 찾는 것과 이 명제에 관한 주장을 관철하거나 인정받는 것 사이의 차이와 구별을 의식하고 있었다. 그러나 그는 토론술을 후자, 즉 한 명제에 관한 주장을 관철하거나 인정받기 위한 것이라고 언급해 뚜렷하게 구분하지는 않았다.[11] 그런 까닭에 후자를 목표로 한 그의 규칙들이 전자를 목표로 한 규칙들과 혼합되는 경우가 많았다. 내가 볼 때 아리스토텔레스는 이 부분을 확실하게 해결하지 못한 것 같다.[12]

아리스토텔레스는 『토피카』에서 그만의 독특한 학문적 정신에 근거해 매우 방법론적이고 체계적으로 토론술을 정립했다.

분명 실제적이었을 이 목적이 특별히 뭔가를 이룬 것은 아니지만, 아리스토텔레스의 작업은 매우 경탄할 만하다.

아리스토텔레스는 그의 저서 『분석학』에서 개념들, 판단들 그리고 결론들을 먼저 순수한 형식의 측면에서 고찰한 후 내용 단계로 넘어간다. 이 내용을 다루는 단계에서 아리스토텔레스는 사실상 개념들만을 다룬다. 왜냐하면 이 개념들 속에 이미 내용이 들어 있기 때문이다. 말하자면 명제와 결론은 순수하게 그 자체로 단지 형식일 뿐이고, 개념이 내용인 셈이다.[13]

그 내용의 전개는 다음과 같다. 모든 논쟁에는 (형식만 다를 뿐) 하나의 논제나 하나의 문제가 있기 마련이다. 또한 이걸 해결할 수 있는 명제들도 있다. 이때 핵심이 되는 사안은 언제나 개념들 상호 간의 관계다. 이 개념들 간의 상호 관계는 먼저 네 가지로 나누어볼 수 있다. 말하자면 한 가지 개념에서 1) 정의, 2) 속, 또는 3) 독특한 점이나 본질적인 특징, 또는 4) 어떤 속성(그것이 고유한 것이든 배척되는 것이든 상관없다), 즉 간단히 말해서 빈사, 빈 개념을 찾는 것이다. 결국 모든 논쟁의 문제는 이 네 가지 관계 중 하나로 귀결된다. 바로 이것이 모든 토론술의 기초다.

아리스토텔레스는 이제 토론술에 관한 책 8권에서 각각 이 네 가지 측면을 고려하며 개념들이 상호 간에 가질 수 있는 모든 관계를 제시하고, 이에 관한 규칙을 보여주고 있다. 즉 다른 개념이 본질적인 특징, 속성, 속 그리고 그것의 정의가 되려면, 하나의 개념이 다른 개념에 대해 어떠한 관계를 설정해야 하는지를 보여준다. 그리고 개념 간의 관계를 제시할 때 쉽게 범하는 오류들은 어떤 것이 있는지, 자기 자신이 그러한 관계를 제시할 때 무엇을 주목해야 하는지, 그리고 상대방이 먼저 개념 간의 상호 관계들을 제시했을 때 그것을 무너뜨리려면 어떻게 해야 하는지를 말하고 있다.

아리스토텔레스는 등급으로 분류한 개념들에 대한 그와 같은 규칙이나 보편적인 관계를 '토포스'라 불렀다. 그리고 382개의 예, 즉 토피카를 제시했다. 아울러 논쟁에 대한 몇 개의 보편적인 규칙들을 덧붙이기는 했으나 상세히는 다루지 않았다. 따라서 아리스토텔레스의 토포스는 순수한 질료, 즉 내용적인 것이 아니고, 특정한 대상이나 개념과 관련되지도 않는다. 오히려 토포스는 개념을 등급에 따라 분류하고, 이들 전체와 등급 사이의 관계를 다룬다. 이를 앞서 언급한 네 가지 관점 중 하나와 연결해 고찰해보면, 이는 무수히 많은 개념에서 공통으로 나타날 수 있으며, 논쟁할 때마다 발생할 수도 있다. 이 네 가지 관점의 아래에는 또다시 하위 등급이 존재한다.

따라서 아리스토텔레스의 고찰은 어느 정도 여전히 형식적이라고 할 수 있다. 그렇다고 해서 논리학의 경우처럼 또 그렇게 순수하게 형식적인 것만도 아니다. 왜냐하면 아리스토텔레스는 개념들의 내용을 고찰하지만, 이것 역시 형식적인 방법으로만 다루기 때문이다. 그의 고찰에 따르자면 개념의 속으로서, 개념의 본질적 특징으로서, 개념의 우연한 특징으로서, 개념의 정의로서, 또는 이 네 가지의 하위 범주에 속하는 반대, 원인과 결과, 속성과 결핍 등에 따라 마침내 개념 'B'를 제시하기 위해서는 다른 무엇보다도 먼저 개념 'A'의 내용과 개념 'B'의 내용 간에 어떠한 관계가 형성되어야만 한다고 본다. 또한 모든 논쟁은 이러한 관계 설정을 놓고 벌어진다는 것이다.

아리스토텔레스가 이러한 관계에 대한 토포스로서 제시한 대부분의 규칙은 개념 간의 관계의 본질 그 자체에 있다. 다시 말해서 논리학에서처럼 누구나 이 규칙을 알고 있고, 상대방도 당연히 이 규칙을 따르도록 강요할 수 있다. 이러한 규칙인 토포스가 모호하고 추상적일 때보다 구체적이고 특별한 경우에 훨씬 더 쉽게 주목받을 수 있고, 무시당하는 것도 쉽게 알아차릴 수 있다. 그러므로 아리스토텔레스의 이러한 토론술의 실제적 효용성은 그리 크지 못하다. 아리스토텔레스는 너무나 당연한 것들, 건강한 이성의 소유자라면 당연히 지킬 것들을 말하고 있을 뿐이다.

예를 들어보자. "하나의 사물에 대해 사물의 속을 주장한다면, 이 사물의 속에 대한 종도 반드시 있어야 한다. 그렇지 못하면 이 주장은 거짓이다. 예를 들어 '영혼에는 운동성이 있다'라는 주장이 있다. 이 주장이 옳게 되려면 비행이든, 보행이든, 성장이든, 줄어듦이든, 어떠한 종류든 영혼에 움직임과 관련된 무엇인가가 있어야 한다. 그렇지 않을 경우 영혼에는 아무런 운동성도 있을 수 없다. 그러므로 종이 없는 존재는 속도 없게 된다. 이것이 토포스다." 이러한 토포스는 어떤 주장을 내세우기도, 무산시키는 데도 사용된다. 이것은 아홉 번째 토포스에 해당한다.

반대로 속이 부여되지 않으면, 종도 부여되지 않는다. 예를 들어 한 사람이 다른 한 사람을 나쁘게 이야기했다(는 주장이 있다). 이때 그 사람이 아예 말 자체를 하지 않았다는 사실을 우리가 증명하면, 그가 다른 사람에게 나쁜 말을 했다는 주장도 아예 없어진다. 왜냐하면 속이 없는 곳에 종도 존재할 수 없기 때문이다.

'고유한 속성' 부분에 해당하는 215번째 토포스는 첫째, 상대방의 의견을 전복시키기 위한 것이다. 만일 상대방이 오로지 감각으로만 인지할 수 있는 것을 그 사물의 고유한 속성이라고 말했다면, 이는 안 좋은 주장이다. 왜냐하면 감각적인 것은 모두 감각이라는 영역을 벗어나기만 하면 불확실해지기 때문이다. 예를 들어 상대방이 태양의 고유한 속성을 '지구 위에 떠 있는 별 중에서 가장 밝은 별'이라고 말했다 하자. 이러한 예는 그다지 적합하지 않다. 왜냐하면 태양이 지고 나면 태양은 우리가 인지하는 감각의 영역 밖으로 벗어나기 때문에 태양이 지구 위에 떠 있는지 알 수 없기 때문이다.

둘째는 의견을 제시하는 것에 관한 것이다. "한 사물에 대한 고유한 특성을 올바르게 제시하려면, 감각으로만 인식되지 않는 것, 또는 설령 감각으로 인식되더라도 감각의 영역을 벗어나도 사라지지 않고 항상 반드시 존재하는 것을 언급하라. 예를 들어 표면의 고유한 속성을 보자. 이 경우에는 표면에 먼저 색상이 입혀진다고 말하면 된다. 이는 감각적인 특성이기는 하지만 언제나 존재하는 것이므로 올바른 것이다." 이는 여러분에게 아리스토텔레스의 토론술에 대한 이해를 돕기 위해 인용한 글이다.

3

나는 아리스토텔레스의 이러한 토론술이 본래의 목적을 달성하지 못했다고 생각한다. 그래서 그와는 다른 방식으로 시도해보았다.

키케로의 『토피카』는 아리스토텔레스의 토론술을 기억하고 이를 모방한 것이다. 그런 까닭에 그의 『토피카』는 아주 피상적이고 허접하다. 키케로의 『토피카』에는 토포스가 무엇이고 목적이 무엇인지에 관한 뚜렷한 개념이 전혀 없다. 단지 머릿속에 떠오르는 대로 온갖 무의미한 말을 늘어놓았고, 거기에다가 법률적인 예들을 장황하게 곁들였을 뿐이다. 이런 까닭에 키케로의 『토피카』는 그가 쓴 형편없는 저술 중의 하나라고 할 수 있다.

토론술을 순수하게 정립하려면, (논리학에서 다루는 쟁점 사항인) 객관적인 진리와 상관없이 토론술을 자신의 정당성을 주장하는 기술로만 고찰해야 한다. 물론 이때 사안 자체에 대해서도 정당성을 가지고 있다면 이는 당연히 더욱 수월해진다.

그러나 토론술 자체는 본래 모든 종류의 공격, 특히 부정적인 공격으로부터 자기 자신을 방어하는 방법을 알려주는 데 있고, 또 스스로 모순되거나 상대방의 공격에 무너지지 않으면서 상대방의 주장을 직접 공격할 방법을 가르치는 데 있다.

우리는 객관적인 진리를 찾는 것, 그리고 자신의 명제를 진리로 관철하는 기술을 명확히 구분해야 할 필요가 있다. 전자는 완전히 다른 하나를 증명하는 것이 과제이고, 판단력과 숙고, 경험을 요구하는 작업이기 때문에 특별한 기술이 필요하지 않다. 그러나 후자는 토론술의 목적에 해당한다.

사람들은 토론술을 가상의 논리학이라고 정의했으나 이는 잘못된 정의다. 만일 토론술이 이처럼 가상의 논리학이라면, 토론술은 거짓된 명제들을 방어하는 데만 사용했어야 한다. 그런데 사람들은 자신의 주장이 옳은 경우에도 상대에 맞서 자신의 주장을 옹호하기 위해 토론술이 필요하다. 그러므로 상대방이 구사하는 부정직한 요령들에 맞서려면 우리도 부정직한 요령들을 알고 있어야 한다. 다시 말해서 상대방이 사용하는 것과 똑같은 무기로 상대방을 물리치려면, 우리에게도 당연히 그러한 무기들이 필요한 것이다.

이런 까닭에 토론술에서는 객관적인 진리를 쉽게 도외시하거나 우연한 것으로 볼 수밖에 없다. 따라서 우리는 토론술을 자신의 주장을 방어하고 상대방의 주장을 무너뜨리는 방법이라고 봐야 한다. 아울러 논쟁할 때는 대부분 객관적인 진실이 어디에 있는지 알 수 없어서, 토론술의 규칙에서 객관적인 진리를 고려해야 할 필요가 없다.[14]

간혹 자신의 주장이 옳은 것인지 아닌지 자기 자신도 모를 때가 있고, 자신의 주장이 옳다고 믿었으나 점점 확신을 잃고 혼란에 빠지는 경우도 생긴다. 또는 양측 모두의 주장이 옳다고 여겨지는 예도 있다. 이는 공통적으로 "진리는 깊은 곳에 숨어 있기"(데모크리토스) 때문이다.

대개 논쟁을 시작할 무렵에는 누구나 진실이 자기 쪽에 있다고 생각한다. 그러나 논쟁이 진행되면서 양측은 자신의 주장에 대한 확신을 잃고 의구심을 갖게 되기 마련이다. 결국 논쟁이 끝나야만 진실이 어디에 있는지 확인된다. 그러므로 토론술은 그 자체로 '진실이 어디에 있느냐'에는 관심이 없다.

이를테면 이것은 검술이 이미 사생결단의 결투가 되어버려서 '누가 옳으냐 그르냐'를 따지지 않는 것과 같다. 칼로 찌르고 방어하는 것, 오직 이것만이 중요할 뿐이다. 이는 토론술에서도 마찬가지다. 말하자면 토론술은 정신으로 하는 검술이다. 이렇게 순수하게 파악해야만 토론술이 하나의 독자적인 학문으로 정립될 수 있다. 그렇지 않고 순수하고 보편적인 진리를 목표로 설정한다면, 토론술은 다시 논리학 그 자체로 되돌아갈 수밖에 없다.

만일 거짓 명제들의 관철을 목표로 삼으면 이런 토론술은 단순한 궤변론이 된다. 물론 논리학이나 궤변론, 이 두 경우는 우리가 이미 무엇이 객관적으로 참이고 거짓인지를 알고 있다는 것을 전제로 한 경우다. 그러나 논쟁의 경우에는 무엇이 객관적으로 참이고 거짓인지를 미리 아는 일은 거의 없다. 그러므로 토론술에 대한 진정한 개념은 앞서 제시한 것처럼 '논쟁에서 자기주장의 정당성을 위해 싸우는 정신적인 검술'이라고 할 수 있는 것이다.

물론 논쟁술이라는 명칭이 더욱 적절할지도 모른다. 그러나 가장 적절한 명칭은 아마도 '논쟁적 토론술'일 것이다. 어찌 되었든 토론술은 아주 유용하다. 그러나 최근에 사람들은 이 토론술을 부당하게 등한시하고 있다.

이러한 의미로 볼 때 토론술은 대개 논쟁에서 진실이 자기편에 있지 않다는 것을 이미 알아차렸으면서도, 자신이 옳다고 옹호하기 위해서 자연스럽게 사용하는 요령들을 체계와 규칙을 근거로 요약하고 서술한 것에 불과하다고 할 수 있다. 바로 이런 점 때문에 학문으로서의 토론술에서 객관적 진리를 찾아 낱낱이 밝혀내는 일에 관심을 두고자 한다면, 이는 본래의 목표와 매우 어긋나는 일이라고 할 수 있다. 왜냐하면 그러한 일은 원래의 자연스러운 토론술에서는 일어나지도 않고, 또한 토론술은 오로지 자신의 주장이 옳다는 것을 목표로 하기 때문이다.

따라서 우리는 주장이 옳음을 밝히기 위해서 학문적인 토론술을 사용할 것이고, 이때 이용할 수 있는 부정직한 요령들을 제시할 것이다. 그리고 그러한 요령을 분석하는 일을 핵심 과제로 삼을 것이다. 그렇게 하면 실제의 논쟁에서 부정직한 요령들을 금방 알아차리고 그것들을 물리칠 수 있다. 바로 이러한 이유에서 토론술을 다루면서, 전적으로 정당성의 확보를 위한 방법으로써 객관적 진리 탐구가 아닌 토론술의 학문적 탐구를 목표로 삼을 수밖에 없었다.

주변을 다 둘러보았지만 내가 보기엔 지금까지 토론술을 이러한 의미로 다루고 뭔가를 이루어낸 사람은 없는 것 같다.[15] 말하자면 아직 이 분야는 개간되지 않은 불모지라고 할 수 있다. 그러므로 우리가 설정한 목표를 이루기 위한 요령들은 우리가 직접 겪은 모든 경험에서 가져올 수밖에 없었다. 즉 우리는 사람들과 교류하면서 자주 발생하는 논쟁 속의 당사자들이 이런 저런 요령들을 어떻게 사용하는지 주의 깊게 관찰했다. 그런 다음 다른 형태로 반복되어 나타나는 요령들을 일반화했다. 이렇게 함으로써 자신 스스로에게 직접 적용할 수 있었을 뿐만 아니라, 다른 상대를 물리치는 데도 유용한 몇 가지 보편적인 요령들을 제시할 수 있었다. 그러므로 여기에 예로 든 38가지 요령은 토론술을 상용화하기 위한 첫 시도라고 볼 수 있다.

미주

1 상대방이 내세운 명제가 의심의 여지가 없는 진리와 모순됨으로써 우리는 상대방을 자가당착에 빠지게 만드는 것이다.

2 의도적으로 만들어낸 예시들은 상대방을 속일 수 있을 만큼 결코 섬세하지 못하다. 그렇기에 실제로 경험에서 직접 겪은 예들을 모아야만 한다. 우리가 논쟁에서 사용할 각각의 요령에 짧게나마 합당한 명칭을 붙일 수 있으면 아주 좋을 것 같다. 그러면 상대방이 이런저런 논쟁 요령을 사용할 경우 이 명칭을 사용해 즉시 비난할 수 있을 것이다.

3 '상대적으로 제시된 상대방의 의견에서 보편적 의미의 표현을 끌어내는 궤변(Sophisma a dicto secundum quid ad dictum simpliciter)'을 말한다. 이것이 아리스토텔레스의 두 번째 궤변(elenchus sophisticus)이다. 궤변론자들의 반증은 어법에 상관없이 다음과 같이 이루어진다. 단순하게 혹은 단순하지 않게, 즉 '어떻게' 또는 '어디서'나 '언제를' 고려해, 또는 그 무엇과 관련해 무언가를 말하는 것이다(『궤변론적 반박』, 5).

4 이는 앞서 언급한 요령에 속한다.

5 paveant와 pavebo가 프랑스어의 동사 paver(도로를 포장하다)와 의미가 같은 데 근거한 언어유희다.

6 이것이 토론술의 진짜 첫 시작이다.

7 고대의 경우 논리학과 토론술을 대개 동의어로 사용했고, 최근에도 마찬가지다.

8 논쟁적 토론술을 좀 더 강하게 표현한 용어가 논쟁술(Eristik)이다. (디오게네스 라에르티우스(V, 28)에 의하면) 아리스토텔레스는 수사학과 토론술이 상대방을 설득(τοπιθανον)하는 것을 목적으로 한다는 점에서 같은 선상에 있다고 여겼다. 나아가 그는 분석학과 철학도 같은 선상에 있으며, 이들의 목적은 진리를 밝히는 데 있다고 보았다. "토론술이란 논쟁을 하는 사람들이 질문과 대답이라는 방법으로 무언가를 반박하거나 무언가를 증명하는 말하기 기술이다"(디오게네스 라에르티우스, III, 48,『플라톤의 생애』). 아리스토텔레스는 1. 논리학 또는 분석학은 참된 결론, 즉 반박의 여지가 없는 확실한 결론을 위한 이론 또는 사용 설명서로, 2. 토론술 또는 사용 설명서는 참이라고 여겨지는 결론을 이끌어 내기 위한 것으로 구분한다(『토피카』, 제1권, 1장, 12장). 하지만 이때 이끌어낸 결론이 거짓인지 (그 자체로서) 참인지는 전혀 중요하지 않다. 그렇다면 이것은 근본적으로 정당하든 정당하지 않든 상관없이 자신의 정당성을 주장하는 기술과 무엇이 다른가? 말하자면 토론술이란 우리가 처음에 말한 바와 같이, 진실의 여부와는 상관없이 그럴듯하게 보이는 진실성의 외관을 확보하기 위한 기술인 것이다. 본래 아리스토텔레스는 결론을 1. 논리적 결론, 2. 토론술적 결론, 그다음

으로 방금 말했듯이, 결론의 형태는 옳지만, 명제들 자체, 즉 실체는 참이 아니고 단지 참되게 보일 뿐인 3. 논쟁술적 결론, 그리고 마지막으로 결론의 형태는 거짓이지만 참인 것 같은 그럴듯한 외관을 지닌 4. 궤변론적 결론으로 나누었다. 사실상 마지막 세 가지는 모두 객관적 진리가 아닌 그럴듯해 보이는 진리의 외관을, 다시 말해서 진리 자체와 상관없이 자신의 주장이 옳다는 것을 목표로 하기에 논쟁적 토론술에 속한다. 게다가 궤변론적 결론들을 다룬 책은 나중에 가서야 따로 출판되었고, 이것이 토론술을 다룬 마지막 책이었다.

9 마키아벨리는 군주에게 주변 사람을 공격할 때는 순간마다 그의 약점을 이용하라고 말한다. 그렇게 하지 않으면 언젠가 그 주변 사람이 군주가 약해진 틈을 이용할 수 있기 때문이라고 한다. 신의와 정직이 지배한다면 상황은 달라질 수 있다. 그러나 사람들에게 이러한 덕목을 기대할 수 없으며, 준수할 의무도 없다. 왜냐하면 신의와 정직에 대한 대가는 언제나 실망을 안겨주기 때문이다. 이는 논쟁에서도 마찬가지다. 이를테면, 상대방의 주장이 맞는 것처럼 보이는 순간 나는 '상대방이 옳다'며 상대방에게 정당성을 부여했다 하자. 그런데 반대 상황의 경우 상대방은 내가 했던 것처럼 나에게 똑같이 행동할 리 거의 없다. 오히려 상대방은 부당한 방법을 사용할 수도 있다. 따라서 나도 그렇게 해야 한다. 자신의 명제에 대한 편애를 버리고 오직 진리만을 추구해야 한다고 말하기는 쉽다. 그러나 다른 사람도 자신처럼 그렇게 할 것이라고 전제할 수 없다. 그러므로 우리는 상대방에게 정당성을 부여해서는 안 된다. 게다가 상대방의 주장이 맞는 것처럼 보이는 순간 내가 오랫동안 철저히 숙고해 내린 명제를 포기해버린다

면, 어쩌면 순간적인 인상에 빠져 쉽게 진리를 포기하는 것이 되고, 심지어 오류를 받아들일 우려도 있다.

10 "교육만이 타고난 재능을 촉진한다네"(호라티우스, 『시가집』)

11 다른 한편으로 아리스토텔레스는 그의 저서 『궤변론』에서 또다시 토론술을 궤변론과 논쟁술에서 분리하려고 상당한 노력을 기울였다. 여기서 그는 이것들의 차이점을 이렇게 규명한다. 즉 토론술적 결론들은 형식과 내용에 있어서 참이지만, 논쟁술적 또는 궤변론적 결론들은 거짓이다. 논쟁술적 또는 궤변론적 결론은 단지 목적에 의해서 구별되는데, 전자인 『논쟁술』은 자기가 내세운 주장의 정당성 그 자체가 목적이지만, 후자인 『궤변론』의 경우는 궤변을 통해 얻을 수 있는 명성, 그리고 이 명성을 통해서 벌어들일 수 있는 금전이 목적이다. 그러나 언제나 명제들이 참인지 거짓인지는 그 내용만을 토대로 판단하기에는 매우 불분명하다. 그리고 논쟁자인 당사자가 명제의 진실성 여부에 대한 완전한 확신을 갖기는 가장 어렵다. 심지어 논쟁의 결과마저도 명제가 참인지 거짓인지에 대한 명쾌한 확신을 주지 못한다.

그렇기에 우리는 궤변론, 논쟁술, 토론술의 일부인 파이라스틱(Peirastik)을 모두 아리스토텔레스의 토론술 범주에 포함하고, 토론술을 '논쟁에서 자신의 정당성을 주장하는 기술'로 정의해야 한다. 물론 이때 정당성을 주장할 수 있는 가장 강력한 방법은 무엇보다도 논쟁의 사안 자체에서 정당성을 갖는 일이다. 그러나 인간들의 기질에 비추어 볼 때 사안 자체의 정당성만으로는 충분하지 않다. 또한 인간들이 지니는 이성의 약점에 비추어 볼 때 사안 자체의 정당성이 꼭 필요한 것도 아니다. 그러므로 논쟁에서 정당성을 주장하기 위해서는 다른 요령들이 필요하다. 이 요령들은 객관적인 정당성과는 무관하므로 객관적으로 부당한 주장을 할 때도 사용할 수 있다. 게다가 이 경우에는 그 주장이 객관적으로 부당한 것인지 아닌지도 전혀 확신할 수 없다. 그러므로 나는 의도적으로 아리스토텔레스보다 토론술과 논리학을 훨씬 더 엄격하게 구별해, 형식적인 종류로 제한해 논리학에는 객관적인 진리를 부여하고, 토론술은 어떤 주장에 대한 정당성을 갖는 범주로 제한하려고 한다. 그러나 반대로 궤변론과 논쟁술을 아리스토텔레스가 그랬듯이 토론술과 구분 짓지 않을 것이다. 왜냐하면 아리스토텔레스의 구분이 우리가 사전에 확신할 수 없는 객관적이며 물질적인 진리에 기초를 두고 있기 때문이다. 게다가 "무엇이 진리인가?"라는 폰티우스 필라투스(1세기 초 로마령 유다이아의 총독으로 예수에게 유죄판결을 내린 인물-옮긴이)의 말처럼, "진리는 깊은 곳에 숨어 있다"(데모크리트의 금언. 디오게네스 라에르티우스). 논쟁하면서 진실을 밝혀내는 것 이외에는 다른 목적이 없어야 한다고 말하기는 쉽다. 그러나 사람들은 진실이 어디에 있는지 아직 모른다. 왜냐하면 상대방의 논거에 의해서 그리고 자기 자신의 논거에 의해서 미궁에 빠지기 때문이다. 게다가 "사안 자체를 제대로 이해했다면, 그것을 말로 표현하기란 어렵지 않다." 사람들이 '토론술'이라는 명칭을 대부분 논리학과 같은 의미로 간주하는 경향이 있어서 우리는 이 학문을 논쟁적 토론술이라고 부르고자 한다.

12 "우리는 언제나 하나의 학문의 대상을 다른 각각의 학문의 대상과 명확하게 구분해야 한다."

13 개념들 역시 특정한 등급, 이를테면 종과 속, 원인과 결과, 속성과 반대 속성, 소유와 결핍 등으로 분류할 수 있다. 그리고 이러한 분류에는 몇 가지 보편적인 규칙, 말하자면 토포스가 있다. 예를 들어 '원인과 결과'의 토포스는 이렇다. "원인의 원인은 결과의 원인이다"(크리스치안 볼프, 『존재론』). 또한 좀 더 나아가면 "나의 행복의 원인은 나의 부다. 그러므로 내게 부를 선사한 사람 역시 나의 행복의 원인이다"라고 적용할 수도 있다. '대비'의 토포스는 다음과 같다. 1. '대비'의 토포스는 예를 들어 '곧은'과 '굽은'처럼 서로를 배제한다. 2. '대비'의 토포스는 같은 주체 속에 들어 있다. 예를 들어 사랑이 의지 속에 그 터전이 있으면, 증오도 마찬가지다. 반면에 증오가 감정 속에 자리 잡는다면, 사랑도 마찬가지다. 영혼이 흰색이 아니라면, 검은색도 아니다. 3. 낮은 등급이 없으며, 높은 등급도 없다. 공정하지 않은 사람은 호의적이지도 않다.

이로써 토포스들은 개념들의 모든 분류에 해당하는 어떤 보편적인 진리들이라는 사실을 알 수 있다. 그리해 어떤 개별적인 상황들이 발생할 때마다 토포스를 근거로 삼을 수 있다. 토포스를 바탕으로 자신의 논리를 전개할 수 있고, 또한 명백히 보편적인 것으로서 토포스를 인용할 수도 있다. 그렇지만 토포스 대부분은 매우 기만적이며 예외 또한 많다. 그 예로 이런 토포스들이 있다. 의미가 서로 대립하는 것들은 그 관계 또한 대립한다. 미덕은 아름답고, 악덕은 증오스럽다. 우정 관계는 호의적이고, 적대 관계는 악의적이다. 그런데 이제 이런 토포스도 있다. 이를테면 낭비는 악덕이다. 그러므로 인색함은 미덕이다. 또는 바보들은 진실을 말한다. 그러므로 현인들은 거짓을 말한다. 그러나 이런 말은 통용되지 않는다. 또는 죽음은 사라짐이다. 그러므로 삶은 생성이다. 이것도 마찬가지로 맞는 말이 아니다. 즉 이것은 거짓이다.

이와 같은 토포스들의 기만성에 대한 예를 살펴보자. 스코투스 에리우게나(Scotus Eriugena)는 그의 저서 『예정론』 제3장에서 이단론자들의 견해에 대해 반박을 가했다. 이단론자들은 신이 이미 두 가지 상황(선택된 자에게는 구원을, 타락한 자에게는 저주를)을 정해놨다고 가정했고, 이를 위해 다음과 같이 토포스(이 토포스가 어디서 온 것인지 그 출처에 대해서는 아무도 모른다), 즉 "서로 대립하는 모든 것의 원인은 서로 대립할 수밖에 없다. 왜냐하면 하나의 원인으로 서로 다른 것들끼리 대립하는 일이 발생하도록 이성이 허용하지 않기 때문이다"를 이용했다. 이 말이 사실일까? 그러나 우리의 경험은 같은 열이라도, 진흙을 단단하게 만들기도 밀납을 녹이기도 한다는 사실을 가르쳐준다. 이와 같은 예들이 수백 가지가 있다. 그런데도 이 토포스는 그럴듯하게 들린다. 스코투스 에리우게나 역시 그의 주장을 토포스에 근거하고 있다. 이에 대해서 더는 언급할 필요가 없다. 바코 데 베룰라미오(Baco de Verulamio)는 『좋은 색깔과 나쁜 색깔』이라는 제목 아래 토포스에 대한 방대한 모음집을 편찬했고, 여기에 언급한 토포스들에 대한 반박들도 함께 덧붙였다. 이것들을 여기서 예로 사용할 수 있다. 그는 반박이 가능한 토포스들을 가짜 결론(Sophismata)이라고 부르고 있다. 『향연』에서 소크라테스가, 아름다움, 선 등 모든 훌륭한 속성을 사랑에다 부여한 아가톤(Agathon)을 반박하기 위해 증거로 사용한 논거 역시 하나의 토포스로 볼 수 있다. "무언가를 찾는

자는, 그것을 갖고 있지 않다. 즉 사랑이 아름다움과 선을 찾는다는 것은, 사랑에는 이것들이 없다는 말이다." 개별적이고 아주 다른 모든 경우에 적용할 수 있고, 특별성을 전혀 고려하지 않고 적용할 수 있는 어떤 보편적인 진리가 존재한다는 것은 실상 허울만 그럴듯한 일종의 가상일 뿐이다. (상호보완의 법칙은 아주 훌륭한 토포스다.)

게다가 보편적인 진리라고 해서 그 모든 게 토포스가 되는 것도 아니다. 왜냐하면 개념들 자체가 본래 차이의 추상화를 통해서 생겨났기에 엄청난 상이성을 지니기 때문이다. 이런 상이성은 어떤 개념을 수단으로 다른 개별적인 것을 나열해놓고, 다시 상위 개념에 따라 결정할 때 두드러진다. 심지어 논쟁을 하다 궁지에 몰릴 경우 그 어떤 보편적인 토포스 하나만 있어도 곤경에서 벗어날 수 있다. 토포스는 자연 절약의 법칙이며, 또한 자연은 어느 것 하나 쓸모없는 것이 없다. 그렇다. 이처럼 모든 금언은 실용적인 쓸모가 있는 토포스다.

14 두 사람은 종종 열띠게 논쟁을 벌인다. 그러나 논쟁이 끝나면 두 사람은 각자 상대방의 의견을 가지고 집에 간다. 즉 이들 본래의 의견이 상대방의 의견으로 바뀐 것이다.

15 디오게네스 라에르티우스에 따르면 지금은 모두 상실된 테오프라토스(Theophratos)의 많은 수사학적 저술 중 『논쟁술 전투 교본(Αγωνιστικον της περι τους εριστικουςλογους θεωριας)』이라는 제목의 저술이 있었다고 한다. 어쩌면 여기에 바로 우리가 다루고자 하는 내용이 들어 있었을지도 모른다.

살아갈 힘을 주는 쇼펜하우어 아포리즘

쇼펜하우어의 인생 수업

아르투어 쇼펜하우어 지음 | 14,900원

행복과 인생의 본질, 인간관계의 본질, 학문과 책의 본질 등 인생 전반에 대한 쇼펜하우어의 직설적인 조언을 담은 인생 지침서다. 쇼펜하우어는 이 책에서 인생은 고통 그 자체지만 이 고통이 살아갈 힘을 준다고, 부는 행복에 큰 영향을 끼치지 않는다고, 남에게 평가받기 위해 인생을 낭비하지 말라고, 불행은 혼자 있을 수 없는 데서 생기기에 인간은 고독해야 한다고 전한다.

우리는 어떻게 살아야 하는가

발타자르 그라시안의 인생 수업

발타자르 그라시안 지음 | 정영훈 엮음 | 김세나 옮김 | 15,000원

이 책은 스페인의 대철학자 발타자르 그라시안의 인생에 대한 뛰어난 통찰력과 인간관계의 본질에 대한 직설적인 조언을 담은 인생지침서다. 발타자르 그라시안은 좋은 사람인 척 살아가기보다는 세상의 본질을 알고 지혜를 갖출 때 내 삶은 행복해진다는 메시지를 전하고 있다. 이 책에서 만날 수 있는 현명하고 솔직한 직언으로 자기 자신의 모습을 되돌아보며 삶을 살아갈 힘을 얻어보자.

살아갈 힘을 주는 세네카 아포리즘

세네카의 인생 수업

루키우스 안나이우스 세네카 지음 | 값 14,500원

세네카가 남긴 12편의 에세이 중 대중들에게 가장 널리 알려진 6편의 에세이를 한 권으로 엮어 펴낸 책이다. 편역서의 특성상 현대의 독자들이 이해하기 힘들거나 시대적·역사적·문화적으로 거리가 먼 내용들은 과감히 삭제하고, 현대인들이 실질적으로 자신들의 삶에 적용할 수 있을 만한 핵심 내용만을 추려 간결하고 압축된 형식으로 소개한다.

자기를 온전히 믿고 살아가라

에머슨의 자기 신뢰

랠프 월도 에머슨 지음 | 황선영 옮김 | 값 12,000원

이 책은 인간이 자기 신뢰를 기초로 행동함으로써 더 나은 성취를 이룰 수 있다는 깊은 통찰이 담긴 에세이다. 에머슨은 '자신을 믿는 사람은 세계에서 가장 강한 사람'이라고 말한다. 자기 신뢰를 실천하면 내 안에 잠들어 있던 놀라운 힘을 발견하게 된다는 것이다. 이 책을 읽는 독자는 자신을 믿고 자신의 능력에 자부심을 가짐으로써 더 큰 성공을 얻고 만족스러운 삶을 살아갈 수 있을 것이다.

무엇을 위해 살고, 무엇을 사랑할 것인가?

위대한 철학자들의 죽음 수업

몽테뉴 외 지음 | 강현규 엮음 | 안혜린 외 옮김 | 15,000원

이 책은 위대한 철학자 5인의 '죽음에 대한 생각'을 한 권의 책으로 묶어낸 고전 편역서다. 고대에서부터 현대까지 수많은 철학자들이 답을 찾고자 매달려온 철학적 주제이자, 영원히 풀리지 않을 숙제인 '죽음'에 대한 남다른 고찰이 엿보인다. 책을 관통하는 메시지는 '죽음에 대한 이해를 통해 삶을 더욱 온전히 이해할 수 있다'는 것이다. 철학자들의 인간 본질에 대한 통찰과 지혜가 담긴 죽음 수업은 죽음을 이해하고 현명한 삶을 살게 하는 열쇠가 되어줄 것이다.

주체적이고 행복한 삶을 위한 철학 에세이

세네카의 말

루키우스 안나이우스 세네카 지음 | 정영훈 엮음 | 정윤희 옮김 | 값 16,000원

이 책은 우리의 짧은 인생을 윤택하게 만드는 방법에 대해 알려주는 철학 에세이다. 저자인 세네카는 고대 스토아 철학의 대가로 주체적인 삶을 살아야 함을 강조하고, 과거도 미래도 아닌 '지금 이 순간'을 충만하게 사는 것이 중요함을 말한다. 또 이성으로 감정과 욕망을 통제하는 것을 중시하는 스토아학파답게 '화'라는 감정을 적절히 다스려 현인으로 성장하는 법을 제시한다. 위대한 철학가의 가르침에 따라 자신의 삶을 돌아본다면 유한한 삶을 후회 없이 살아가는 방법에 대한 힌트를 얻을 수 있을 것이다.

어떻게 살아야 행복할 수 있는가

톨스토이의 인생론

레프 톨스토이 지음 | 이선미 옮김 | 값 11,000원

레프 톨스토이는 세계적인 대문호이자 위대한 사상가이기도 하다. 그는 인생에 대해 끊임없이 고뇌하고 거기서 얻은 사상을 현실에서 구현하려고 노력했다. 15년에 걸쳐 집필한 결과물이 바로 이 책 『인생론』이다. 이 책은 톨스토이가 직접 쓴 글은 물론이고 동서양을 막론한 수많은 작품과 서점에서 톨스토이가 직접 선별한 내용을 담고 있다. 인생의 지혜를 톨스토이 특유의 짧고 간결한 문장으로 만나볼 수 있을 것이다.

자신과 마주하고 지혜롭게 살아가기

아우렐리우스의 명상록

마르쿠스 아우렐리우스 지음 | 이현우·이현준 편역 | 값 11,000원

마르쿠스 아우렐리우스는 로마제국을 20년 넘게 다스렸던 16대 황제다. 그는 로마에 있을 때나 게르만족을 치기 위해 진영에 나가 있을 때 스스로를 반성하고 성찰하는 내용을 그리스어로 꾸준히 기록했다. 그 결과물이 바로 『명상록』이다. 마음가짐을 어떻게 가져야 하는지, 삶과 죽음에 대한 바람직한 태도는 무엇인지, 변하지 않는 세상의 본질은 무엇인지 등을 들려주고 있어 곱씹으며 음미하면서 책장을 넘기게 될 것이다.

소크라테스의 변론·크리톤·파이돈·향연
삶이 흔들릴 때 소크라테스를 추천합니다

플라톤 지음 | 김세나 옮김 | 값 11,500원

서양철학의 근간인 소크라테스는 생전에 단 한 권의 책도 저술하지 않았지만 그의 사상은 수제자인 플라톤의 저서를 통해 후대에 전해지고 있다. 소크라테스의 죽음과 관련된 책들인 『소크라테스의 변론』『크리톤』『파이돈』과 '에로스'를 예찬하는 『향연』은 『플라톤의 대화편』이라고 불리는 25편의 대화편 중 초기와 중기의 저작들이다. 현대의 독자들은 이 책 한 권만 읽으면 소크라테스 사상의 정수를 만끽할 수 있을 것이다.

돈과 인생에 대한 위대한 통찰
벤저민 프랭클린의 부와 성공의 법칙

벤저민 프랭클린 지음 | 강현규 엮음 | 정윤희 옮김 | 값 12,000원

인생에 대한 다양하고 지혜로운 충고들과 어떻게 부자가 될 수 있는지를 알려주는 금언집이다. 이 책은 부자가 되는 방법은 생각보다 어렵지 않으며, 사소한 습관 하나를 바꾸는 것에서 시작할 수 있다고 말한다. 가령 돈을 낭비하는 습관부터 버린다면 지금보다 좀 더 부유할 수 있으며, 저금을 할 줄 모르는 사람은 결코 부자가 될 수 없다는 식이다. 미국인의 '마음의 대통령'인 벤저민 프랭클린이 전해주는 말로 인생에 대한 혜안과 올바른 소비습관을 길러볼 수 있을 것이다.

인생의 짧음과 마음의 평정에 대하여
세네카의 인생론

루키우스 안나이우스 세네카 지음 | 정영훈 엮음 | 정윤희 옮김 | 값 12,000원

고대 스토아 철학파의 대가로 불리는 세네카의 산문 『인생의 짧음에 대하여』와 『마음의 평정에 대하여』를 한 권으로 엮었다. 값진 인생을 살기 위한 세네카의 위대한 통찰을 느끼고 싶다면 이 책을 펼쳐보기를 바란다. 편역서라는 책의 특성상 시대적·역사적·문화적으로 지나치게 거리가 먼 부분은 일부 삭제하고 필요한 핵심만 골라 소개했다. 그럼에도 세네카가 독자에게 건네는 깨달음과 그 가치의 탁월함을 느낄 수 있을 것이다.

행복의 비밀을 알려주는 위대한 고전
세네카의 행복론

루키우스 안나이우스 세네카 지음 | 정영훈 엮음 | 정윤희 옮김 | 값 12,000원

삶과 죽음의 의미 그리고 진정한 행복이 무엇인지와 같은 인생의 본질적인 질문을 우리 마음속에 던져주는 책이다. 세네카의 주옥같은 글들을 읽다 보면 지금 나에게 닥친 여러 가지 고민들을 딛고 일어설 수 있는 용기와 깨달음을 얻을 수 있다. 가끔 내가 가진 행복이 남들보다 작은 것 같아서 속상할 때, 급작스럽게 찾아온 고난을 이기지 못해 좌절할 때 이 책을 한번 읽어보자.

치솟는 화에 맞서 내 영혼을 지키는 법

세네카의 화 다스리기

루키우스 안나이우스 세네카 지음 | 강현규 엮음 | 정윤희 옮김 | 값 12,000원

세네카의 책이 쓰인 지 2천 년이 넘는 세월이 흘렀지만 현대인들은 여전히 자신의 화를 통제하지 못하고 많은 문제에 휩싸인 채 살아간다. 세네카는 이 책을 통해 인간에게 화가 왜 불필요한지, 화라는 감정의 실체는 무엇인지, 화의 지배에서 벗어나 화를 통제하고 다스리는 법은 무엇인지를 다양한 예화를 곁들여 이야기한다. 별것 아닌 일에 쉽게 욱하고, 돌아서면 후회할 일에 쉽게 화를 내는 사람들에게 이 책을 권한다.

리더십과 인간의 진실은 무엇인가

마키아벨리의 군주론

니콜로 마키아벨리 지음 | 김경준 해제 | 서정태 옮김 | 값 12,000원

누구나 잘 알지만 읽지 못했거나 혹은 오해와 편견으로만 대했던 불멸의 고전인 『군주론』이 리더십의 정수를 꿰뚫는 인문서로 다시 태어났다. 완독과 의미 파악이 쉽지 않았던 원문을 5개의 테마로 나누어 새롭게 재편집했으며, 마키아벨리의 추종자임을 자처하는 딜로이트 컨설팅 김경준 대표가 해제를 더했다. 이 책은 인간이 살아가는 현실에 대한 귀중한 통찰력의 원천이 될 것이다.

인간에 대한 위대한 통찰

몽테뉴의 수상록

몽테뉴 지음 | 정영훈 엮음 | 안해린 옮김 | 값 12,000원

가볍지도 과하지도 않은 무게감으로 몽테뉴는 세상사의 다양한 주제들에 대해 본인의 견해를 자신 있고 담담하게 풀어낸다. 이 책을 읽으며 나의 판단이 바른지, 내가 지금 제대로 살고 있는지, 앞으로 어떻게 살아야 하는지 등을 수없이 자문해보자. 원초적인 동시에 삶의 골자가 되는 사유를 함으로써 의식을 환기하고 스스로를 성찰하며 인생의 전반에 대해 배우는 계기가 될 것이다.

인생을 어떻게 살아야 할 것인가

에픽테토스의 인생을 바라보는 지혜

에픽테토스 지음 | 강현규 엮음 | 키와 블란츠 옮김 | 값 12,000원

내면의 자유를 추구했던 에픽테토스의 철학과 통찰을 담았다. 현실에 적용 가능한 구체적이고 실천적인 에픽테토스의 철학을 내면에 습득해 필요한 상황이 올 때마다 반사작용처럼 적용할 수 있다면, 그 어떤 역경과 어려움 앞에서도 굴하지 않고 꿋꿋하게 살아남아 최후의 승리자가 될 수 있을 것이다. 현실에 좌절하고 힘들어하는 모든 현대인들에게 에픽테토스의 철학이 담긴 이 책을 권한다.

■ 독자 여러분의 소중한 원고를 기다립니다

메이트북스는 독자 여러분의 소중한 원고를 기다리고 있습니다. 집필을 끝냈거나 집필중인 원고가 있으신 분은 khg0109@hanmail.net으로 원고의 간단한 기획의도와 개요, 연락처 등과 함께 보내주시면 최대한 빨리 검토한 후에 연락드리겠습니다. 머뭇거리지 마시고 언제라도 메이트북스의 문을 두드리시면 반갑게 맞이하겠습니다.

■ 메이트북스 SNS는 보물창고입니다

메이트북스 홈페이지 www.matebooks.co.kr

책에 대한 칼럼 및 신간정보, 베스트셀러 및 스테디셀러 정보뿐만 아니라 저자의 인터뷰 및 책 소개 동영상을 보실 수 있습니다.

메이트북스 유튜브 bit.ly/2qXrcUb

활발하게 업로드되는 저자의 인터뷰, 책 소개 동영상을 통해 책에서는 접할 수 없었던 입체적인 정보들을 경험하실 수 있습니다.

메이트북스 블로그 blog.naver.com/1n1media

1분 전문가 칼럼, 화제의 책, 화제의 동영상 등 독자 여러분을 위해 다양한 콘텐츠를 매일 올리고 있습니다.

메이트북스 네이버 포스트 post.naver.com/1n1media

도서 내용을 재구성해 만든 블로그형, 카드뉴스형 포스트를 통해 유익하고 통찰력 있는 정보들을 경험하실 수 있습니다.

STEP 1. 네이버 검색창 옆의 카메라 모양 아이콘을 누르세요. STEP 2. 스마트렌즈를 통해 각 QR코드를 스캔하시면 됩니다.
STEP 3. 팝업창을 누르면 메이트북스의 SNS가 나옵니다.